Cocina francesa

Marie Gosset

COCINA FRANCESA

A pesar de haber puesto el máximo cuidado en la redacción de esta obra, el autor o el editor no pueden en modo alguno responsabilizarse por las informaciones (fórmulas, recetas, técnicas, etc.) vertidas en el texto. Se aconseja, en el caso de problemas específicos —a menudo únicos— de cada lector en particular, que se consulte con una persona cualificada para obtener las informaciones más completas, más exactas y lo más actualizadas posible. EDITORIAL DE VECCHI, S. A. U.

Traducción de Ariadna Martín Sirarols.

Fotografías de las láminas «Tarta de chocolate y nueces» y «Espejos a la lima» de © Candi Press.

© Editorial De Vecchi, S. A. 2018
© [2018] Confidential Concepts International Ltd., Ireland
Subsidiary company of Confidential Concepts Inc, USA
ISBN: 978-1-68325-751-6

El Código Penal vigente dispone: «Será castigado con la pena de prisión de seis meses a dos años o de multa de seis a veinticuatro meses quien, con ánimo de lucro y en perjuicio de tercero, reproduzca, plagie, distribuya o comunique públicamente, en todo o en parte, una obra literaria, artística o científica, o su transformación, interpretación o ejecución artística fijada en cualquier tipo de soporte o comunicada a través de cualquier medio, sin la autorización de los titulares de los correspondientes derechos de propiedad intelectual o de sus cesionarios. La misma pena se impondrá a quien intencionadamente importe, exporte o almacene ejemplares de dichas obras o producciones o ejecuciones sin la referida autorización». (Artículo 270)

Índice

Introducción	7
PRIMEROS PLATOS	
Salsas para ensaladas	11
Ensaladas de invierno	13
Ensaladas de verano	23
Sopas, cremas y potajes	33
Otros entrantes	65
SEGUNDOS PLATOS	
Carnes	85
Pescados y mariscos	103
POSTRES	
Dulces	117
Postres de chocolate	143
Índice de recetas	155

Introducción

La cocina francesa refleja una variedad de tradiciones que se explica por la diversidad geográfica y económica de cada región. Por ello, es impropio hablar de cocina francesa sin hacer referencia a sus tradiciones regionales.

Los platos regionales se caracterizan por estar compuestos de ingredientes locales; no obstante, en la actualidad es posible saborear especialidades regionales de todo el mundo aunque, en algunos casos, es inevitable aplicar algunos métodos para la conservación de ciertos ingredientes.

Nouvelle cuisine, cocina tradicional, cocina burguesa... Bajo estas denominaciones se esconde un mismo deseo: renovar la preparación de los alimentos que constituyen la base de la alimentación.

¿Cómo casar sabores? ¿Cómo descubrir y compartir lo que hace de la cocina un arte? La autora responde a estas preguntas con recetas originales, sencillas y sabrosas que harán disfrutar tanto a los golosos como a los paladares más exigentes. Este libro es una antología que recupera recetas de conocidas obras de cocina de Marie Gosset. Su finalidad es que entendamos mejor todas las reglas y combinaciones culinarias. Las recetas se presentan de forma descriptiva; se exponen los problemas referentes a los ingredientes, las proporciones, la cocción, el corte, etc., y se resuelven de forma clara para que la consulta sea fácil.

Con esta recopilación de recetas de Marie Gosset, el lector tiene en sus manos una rigurosa documentación que le ayudará a mejorar sus cualidades de cocinero proponiéndole ideas, sutilezas y trucos.

Primeros platos

Salsas para ensaladas

La salsa básica de una ensalada sigue siendo la vinagreta, con mostaza o sin ella, aromatizada o no.

La *vinagreta* se compone de una cucharada sopera de vinagre por cada tres de aceite, sal y pimienta. Será más cremosa si se diluye una cucharadita de mostaza en el vinagre antes de añadir el aceite. La sal también se licuará mejor si se añade primero al vinagre. La vinagreta se adecua en general a todas las ensaladas. Las lechugas y las zanahorias ralladas serán particularmente sabrosas con una *vinagreta de limón*, en la que se sustituye el vinagre por zumo de limón (sin mostaza).

Una buena vinagreta se prepara con vinagre de vino. Es muy fácil preparar uno mismo el vinagre con el resto de un buen vino. Para aromatizar el vinagre se sumerge en él una rama de estragón fresco o una picada de chalote. También se puede, con una picada de chalotes, realizar una decocción con el vinagre: tras 10 minutos de ebullición del vinagre con los chalotes, se deja macerar hasta que se enfríe y se filtra antes de verterlo en una botella.

Con el aceite de oliva se puede preparar una *vinagreta sin vinagre*: ponga en un frasco 250 ml de aceite de oliva, una rama de estragón fresco, una cucharadita de mostaza fuerte, un clavo y seis pimientos secos pequeños; cierre el frasco y agítelo bien; deje macerar la mezcla un mes en la oscuridad.

La *salsa cremosa* es apta para las lechuga: se diluyen tres cucharadas de nata líquida en una de zumo de limón o vinagre (mejor si es vinagre de manzana) y se salpimenta.

Las remolachas, el rábano rallado, las endibias, los pepinos... se acomodan muy bien con una *salsa de mostaza cremosa*: diluya dos cucharadas soperas de mostaza en tres de nata líquida con un hilo de limón y salpimente.

Las verduras crujientes (coliflor, pepinos, hinojo...) pueden acompañarse con *salsa de yogur*: aplaste un diente de ajo en un cuenco y vierta 4 cucharadas soperas de zumo de limón por cada 3 yogures y salpimente. Bata hasta que obtenga una crema untuosa.

Las lechugas casan a veces muy bien con *salsa de queso azul*: deshaga 100 g de queso azul y aplástelo con un tenedor con 100 ml de nata líquida; salpimente y bata hasta que la mezcla sea homogénea.

Una *salsa de roquefort* puede elaborarse con 50 g de roquefort diluido en una tacita de aceite de oliva y 4 cucharadas soperas de cebolleta picada.

Una ensalada de patatas o de col blanca se acomoda muy bien con una *salsa de rábano*: pele 80 g de rábanos, añada una cucharada sopera de azúcar en polvo y una pizca de pimienta de Cayena; sale y mezcle con una cucharada sopera de vinagre y 150 ml de nata líquida; bata bien y déjela en frío al menos media hora antes de servirla.

La *mayonesa* casa también con muchas ensaladas. Puede prepararse con el tenedor, a la manera tradicional: en un cuenco se ponen una yema de huevo, una cucharadita de mostaza y un hilo de vinagre o de zumo de limón; sin dejar de batir, se incorpora el aceite poco a poco; es indispensable que todos los ingredientes estén a la misma temperatura. También puede prepararse la mayonesa con la batidora: en un recipiente adecuado, casque un huevo, añada una cucharadita de mostaza, un hilo de zumo de limón o vinagre y un 250 ml de aceite. Introduzca la batidora y póngala en marcha. La mayonesa «sube» sola. Para conservarla (en un bote hermético, en el frigorífico), basta con mezclar, cuando la mayonesa haya cuajado, una cucharada sopera de vinagre o de limón hirviendo. También es posible preparar una mayonesa sin huevo en una coctelera: mezcle una cucharada sopera de mostaza con un hilo de zumo de limón, añada una tacita de leche condensada no azucarada y dos de aceite; agite con energía y deje reposar 3 minutos. Una mayonesa de aceite de girasol o de maíz será mucho más digestiva que la de aceite de oliva o cacahuete. El aceite de semillas de uva es perfecto para las frituras, pero no sirve para las mayonesas.

No todos los aceites son adecuados para las ensaladas. El aceite de oliva virgen extra, obtenido de un primer prensado en frío, es muy aromático y se adapta a la perfección a las ensaladas de verano de tomate y otras verduras.

El aceite de nuez liga más con las ensaladas de invierno, como la de endibias. Un truco permite al aceite ordinario desprender un aroma muy próximo al del aceite de nuez: basta con añadir una pizca de curry a la vinagreta.

Los otros aceites, de cacahuete, de girasol o de maíz, son apropiados para todos los gustos, ya que no están aromatizados, aunque sin duda son menos refinados.

Ensaladas de invierno

Confite de oca en ensalada
(confit d'oie en salade)

1 achicoria rizada o 1 escarola
confite de oca (1 ala, para 1 o 2 personas; 1 muslo, para 2 o 3;
1/2 pato confitado, para 3 o 4)

vinagreta:
1 cucharada sopera de mostaza fuerte
2 cucharadas soperas de vinagre de vino (o de frambuesa)
4 cucharadas soperas de aceite de nuez

Lave bien la ensalada y escúrrala. Dispóngala en una fuente honda. Desengrase el confite de oca rascando bien con un cuchillo, o calentándolo ligeramente en el horno (o al vapor, que reseca menos la carne), para que se funda bien la grasa.

Recupere la grasa de oca en un bote hermético y consérvela en el frigorífico; servirá para otros preparados (patatas salteadas, por ejemplo). Corte el confite en láminas y dispóngalas sobre la ensalada. Luego prepare la vinagreta. Si el confite está salado, es mejor no salar la vinagreta. Póngala en una salsera y sírvala aparte.

Ensalada de invierno
(salade d'hiver)

(para 2 personas)

4 patatas nuevas
2 ramas de apio
2 zanahorias
1 cebolla
1/2 col blanca pequeña
2 pepinillos
2 cucharadas soperas de perejil picado
aceitunas negras

vinagreta:
1 cucharada sopera de mostaza
2 cucharadas soperas de vinagre de vino
5 cucharadas soperas de aceite de oliva
sal
pimienta

Lave las patatas y póngalas en una cazuela con agua fría. Llévelas a ebullición y déjelas cocer durante 20 minutos.

Lave a continuación el apio y córtelo en trocitos. Pele la cebolla y píquela. Pele la col, lávela y córtela en tiras finas. Luego pele las zanahorias y rállelas. Después pique finamente los pepinillos y deshuese las aceitunas.

Cuando las patatas estén cocidas, pélelas y córtelas en dados. Póngalas en una ensaladera con las demás verduras, sálelas y mézclelas. Vierta por encima la vinagreta y remueva. Espolvoree con el perejil fresco picado.

Ensalada de mejillones
(salade de moules)

(para 8 personas)

5 kg de mejillones
400 g de gambas peladas
8 ramas de apio
el zumo de 1/2 limón

salsa:
2 cucharadas soperas de mostaza fuerte
330 ml de aceite de oliva
8 cucharadas soperas de nata (o de requesón con un 20 % de grasa)
el zumo de 1/2 limón
5 cucharadas soperas de finas hierbas picadas
sal
pimienta

Lave y raspe los mejillones con cuidado. Elimine todos los mejillones que ya estén abiertos (aunque sea sólo un poco). Ponga los mejillones limpios en una gran cazuela y déjelos cocer a fuego fuerte removiendo sin parar durante unos 3 minutos; cuando se abran, estarán cocidos. A continuación, mezcle las gambas con los mejillones, a los que habrá retirado las valvas.

Prepare la salsa emulsionando todos los ingredientes y vierta la mitad sobre los mejillones y las gambas.

Pique las ramas de apio. Vierta el resto de la salsa sobre los dos apios. Presente los mejillones con las gambas en una ensaladera y los apios en otra, aparte.

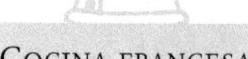

Ensalada parisina
(salada parisienne)

(para 4 personas)

1 lechuga
4 lonchas grandes de jamón de París
100 g de queso gruyer

vinagreta:
1 cucharadita de mostaza
1 cucharada sopera de vinagre de vino
sal
pimienta

Se lava y se escurre la lechuga, y se coloca en una ensaladera. Se cortan el jamón y el gruyer en daditos y se incorporan a la ensalada.

Se prepara la vinagreta y se vierte sobre la ensalada. Se mezcla bien y se sirve.

Cocina francesa

Ensalada de pot-au-feu *con anchoas*
(salade de *pot-au-feu* aux anchois)

(para 6 personas)

1 kg de restos de pot-au-feu *(preferentemente jarrete o paleta)*
6 filetes de anchoas en aceite
3 huevos duros
1 cebolla
1 tomate duro
lechuga u otra ensalada verde
perejil

vinagreta:
2 cucharadas soperas de vinagre
6 cucharadas soperas de aceite de cacahuete
1 cucharada sopera de mostaza
sal
pimienta

Prepare esta ensalada con la carne aún caliente para que absorba bien la vinagreta. Retire las partes demasiado grasientas de la carne y los huesos y córtela en dados, que deberá poner en un cuenco. Pele la cebolla y píquela con el perejil. Añádala a la carne. Prepare la vinagreta y viértala sobre la carne aún caliente. Mezcle bien.

A continuación, corte el tomate en cuartos. Pele los huevos cocidos y córtelos en dos en el sentido longitudinal. Lave las hojas de la ensalada y forre una ensaladera con ellas. Vierta la carne aromatizada en medio y decore con los tomates y los huevos. Disponga las anchoas por encima en forma de estrella.

Si los restos de carne son escasos, puede añadir patatas hervidas con su piel, peladas y troceadas.

Cocina francesa

Ensalada de puerros y patatas
(salade de poireaux et pommes de terre)

(para 4 personas)

750 g de patatas
2 puerros tiernos

salsa:
100 ml de mayonesa
1 cucharada sopera de zumo de limón
1 cucharada sopera de aceite de oliva
1 cucharada sopera de cebolleta picada
sal
pimienta

Lave las patatas y póngalas en una olla con agua fría; llévelas a ebullición y déjelas cocer 20 minutos; escúrralas, pélelas y córtelas en rodajas; échelas en una ensaladera.

Pele y lave los puerros; córtelos en trocitos. En un cuenco, ponga la mayonesa, el zumo de limón, el aceite de oliva, la sal, la pimienta y la cebolleta. Mezcle bien. Después vierta la mezcla sobre las patatas y remueva delicadamente para no romperlas.

Decore con el resto de cebolleta picada y disponga alrededor los trocitos de puerros.

Tape la ensalada y déjela macerar media hora antes de servir.

Cocina francesa

Lechuga con huevos escalfados
(frisée aux œufs pochés)

(para 6 personas)

1 lechuga rizada grande o 1 escarola
150 g de tocino ahumado
6 huevos (1 por persona)
6 rebanadas de pan con miga
2 cucharadas soperas de aceite de oliva

vinagreta:
1 cucharadita de mostaza
1 cucharada sopera de vinagre de vino
2 cucharadas soperas de aceite de oliva

Lave y escurra bien la lechuga o la escarola; póngala en una ensaladera grande.

En una sartén, caliente el aceite y dore en él las rebanadas de pan por ambos lados. Luego corte las rebanadas en forma de rombos y manténgalas calientes.

Escalde el tocino cortado a tiras, durante 5 minutos, en agua hirviendo. Escúrralo y dórelo en la sartén donde ha frito el pan sin añadir ninguna materia grasa. Rocíelo con el vinagre y manténgalo caliente.

En un cazo de agua hirviendo con vinagre, escalde los huevos uno por uno durante 3 o 4 minutos. Retírelos delicadamente con la espumadera y escúrralos en papel absorbente.

Prepare a continuación la vinagreta y viértala sobre la lechuga. Mezcle bien. Disponga por encima el pan caliente, los torreznos y los huevos escalfados también calientes.

Sirva de inmediato.

Lechuga con queso y tocino
(frisée au fromage et aux lardons)

(para 4 personas)

1 lechuga rizada grande
150 g de queso gruyer o similar
200 g de tocino ahumado
3 dientes de ajo
1 barra de pan de 250 g

vinagreta:
1 cucharadita de mostaza fuerte
1 cucharada sopera de vinagre de vino
4 cucharadas soperas de aceite de oliva
sal
pimienta

Corte el tocino ahumado en grandes trozos y escáldelos durante 5 minutos en agua hirviendo. Retírelos y escúrralos en papel absorbente; dórelos en una sartén sin grasa. Rocíelos luego con un poco de vinagre y escúrralos. Resérvelos calientes.

Tueste algunas rebanadas de pan y frótelas con ajo. Corte el queso en dados de 2 cm de lado.

Prepare la vinagreta sin salarla demasiado. Ponga la lechuga lavada y escurrida en una ensaladera con el queso y el tocino; añada la vinagreta y mezcle bien.

Presente aparte el pan tostado frotado con ajo.

COCINA FRANCESA

Lechuga al roquefort
(frisée au roquefort)

(para 4 personas)

1 lechuga rizada grande (o 1 lechuga romana)
50 g de nueces verdes peladas
100 g de roquefort
4 rebanadas de un pan con mucha miga
2 cucharadas soperas de aceite de girasol

vinagreta:
5 cucharadas soperas de aceite de nuez (o de girasol)
1 limón
sal
pimienta

Se fríen las rebanadas de pan con el aceite en una sartén. Cuando el pan ya está dorado por ambos lados, se corta en rombos que se reservan calientes.

Se lava la lechuga y se escurre bien. Se coloca en la ensaladera y por encima se desmenuza el roquefort. Se añaden las nueces verdes y se mezcla bien. Se vierte encima la vinagreta preparada con el zumo de limón, el aceite de nuez, sal y pimienta.

En el último momento se añaden los tostones fritos todavía calientes.

Cocina francesa

Puerros a la niçoise
(poireaux à la niçoise)

(para 4 personas)

1 kg de puerros
250 g de patatas
1 diente de ajo
4 cucharadas soperas de aceite de oliva
el zumo de 1 limón
1 cucharada sopera de perejil picado
sal
pimienta

Escalde los tomates y pélelos; córtelos en cuartos. Pele y pique finamente el ajo.

Lave los puerros conservando sólo la parte tierna. Caliente el aceite en una cazuela y saltee los puerros en ella hasta que estén uniformemente dorados. Salpimente y tape la cazuela. Deje cocer 10 minutos a fuego suave. Cuando estén cocidos, escúrralos en un colador.

Ponga a cocer en la cazuela los tomates, el ajo y el perejil, sin dejar de remover, durante 5 minutos a fuego vivo. Salpimente y añada el zumo de limón.

Coloque los puerros bien escurridos en una fuente y cúbralos con el preparado anterior.

Deje enfriar y sirva muy frío.

Ensaladas de verano

Calabacines en ensalada
(courgettes en salade)

(para 4 personas)

1 kg de calabacines pequeños
1 diente de ajo
4 cucharadas soperas de aceite de oliva
2 cucharadas soperas de vinagre de vino
1/2 cucharadita de harissa (salsa de pimiento picante)
1 manojo de perejil
sal

Lave los calabacines y retíreles los extremos. Sumérjalos en agua hirviendo con sal. Déjelos cocer durante unos 15 minutos. Transcurrido este tiempo, escúrralos y déjelos enfriar en un colador. Lave y pique el perejil.

Pele el ajo y aplástelo en el mortero. Prepare una vinagreta con la harissa, el vinagre, el aceite de oliva, el ajo majado y la sal.

Cuando los calabacines estén tibios, córtelos en rodajas de aproximadamente 1 cm de grueso, póngalos en una ensaladera y sazónelos con perejil picado. Vierta encima la vinagreta y mezcle con cuidado.

Sirva de inmediato para que los calabacines no tengan tiempo de perder el agua.

Cocina francesa

Corona de ensalada de arroz
(couronne de salade de riz)

(para 4 personas)

250 g de arroz de grano largo
1 cucharada sopera de zumo de limón
3 tomates
1 pimiento rojo
2 cucharadas soperas de cebolleta y perejil picados
10 aceitunas negras
10 aceitunas verdes

vinagreta:
1 cucharada sopera de mostaza
2 cucharadas soperas de vinagre
4 cucharadas soperas de aceite de oliva
1 cucharada sopera de zumo de limón
sal
pimienta

Cueza el arroz en agua hirviendo con sal y limón durante unos 15 minutos (pruébelo para comprobar la cocción). Mientras, escalde los tomates y pélelos, córtelos en dos y retíreles las semillas; trocee la pulpa. Luego escalde el pimiento durante 30 minutos en agua hirviendo, escúrralo, séquelo y córtelo en dos; retírele el pedúnculo y las semillas y córtelo en finas láminas. Tome la mitad de las aceitunas negras y verdes y quíteles el hueso; córtelas en trocitos.

Cuando el arroz esté cocido, páselo por agua fría y escúrralo bien. Póngalo en una ensaladera con los tomates, el pimiento y las aceitunas. Añada el perejil y la cebolleta picados. Mezcle bien.

Prepare la vinagreta, emulsionándola bien, y añádale una cucharada sopera de zumo de limón. Viértala sobre la ensalada y remueva. Ponga la ensalada de arroz en un molde en forma de corona y apriete bien. Déjelo 1 hora en el frigorífico. Luego desmolde el arroz y decórelo con el resto de las aceitunas.

Sirva la corona con pollo frío o langostinos con mayonesa.

Crudités *a la menta*
(crudités à la menthe)

(para 4 personas)

1 pepino grande
4 zanahorias grandes
1 raíz de rábano
1/2 raíz de apio
100 g de pasas
1 rama de menta fresca
sal gorda
el zumo de 1/2 limón

salsa:
2 yogures suaves
el zumo de 1/2 limón
sal
pimienta

Ponga las pasas en un poco de agua templada para que se hinchen. Pele el pepino, córtelo en trocitos, espolvoréelo con sal gorda y déjelo escurrir durante 1 hora.

Lave el apio y reserve sólo las costillas; pélelo y córtelo en trozos. Pele las zanahorias, rállelas finamente y mézclelas con el limón. Luego pele el rábano dejando algunas hojas y lávelo.

A continuación prepare la salsa: bata los yogures con el zumo de limón, sal y pimienta. Añada 3/4 de las hojas de menta, lavadas y picadas.

Escurra las pasas. Limpie el pepino, escúrralo y séquelo sobre un paño o un papel absorbente. Aliñe las zanahorias ralladas, el apio y el pepino con 3/4 de la salsa. Colóquelos en una fuente honda y disponga alrededor los rábanos y las pasas. Decore con las hojas de menta restantes.

Sirva la salsa sobrante en una salsera aparte.

Ensalada de corazones de alcachofas
(salade de fonds d'artichauts)

(para 2 personas)

4 corazones de alcachofas cocidos (o en conserva)
4 huevos duros
2 tomates
el zumo de 1 limón

salsa:
200 g de requesón
2 yemas de huevo duro
1 cucharada sopera de mostaza
1 puñado de hojas de berro
sal
pimienta

Escalde los huevos duros y córtelos en cuartos. Rocíe los corazones de alcachofa con limón y córtelos en finas láminas. Escalde y pele los tomates, quíteles las semillas y córtelos en cuartos.

Ponga todo en una ensaladera.

A continuación, prepare la salsa: mezcle las yemas de huevo duro con la mostaza, la sal y la pimienta, luego mézclelo todo con el requesón. Añada las hojas de berro limpias y picadas (o mejor, pasadas por la batidora).

Cubra la ensalada con esta salsa.

Ensalada de hinojo con aceitunas
(salade de fenouil aux olives)

(para 2 personas)

2 bulbos de hinojo
1 taza de aceitunas

salsa:
100 ml de nata líquida
el zumo de 1 limón
1 cucharada sopera de cebolleta picada
sal
pimienta

Limpie los bulbos de hinojo retirando las hojas demasiado duras y marchitas. Sumérjalos en agua hirviendo durante 20 minutos. Luego páselos por agua fría.

Cuando estén fríos, píquelos y dispóngalos en una ensaladera con las aceitunas.

Bata juntos todos los ingredientes de la salsa y viértala sobre el hinojo y las aceitunas.

Mezcle y sirva muy frío.

Cocina francesa

Ensalada de judías con mollejas
(haricots aux ris de veau)

(para 2 personas)

200 g de judías
200 g de mollejas
harina
20 g de mantequilla
100 g de endibias
1 escarola o 1 lechuga
100 g de foie-gras *(opcional)*

vinagreta:
1 cucharadita de mostaza fuerte
1 cucharada sopera de vinagre de vino
2 cucharadas soperas de aceite de nuez
sal
pimienta

Sumerja las mollejas en agua fría durante 4 horas; renueve el agua de vez en cuando (o deje el recipiente debajo el grifo un poco abierto). Después, póngalas en una olla con agua fría y llévelas a ebullición. Déjelas cocer, a pequeños hervores, durante 2 minutos; sumérjalas de inmediato en agua fría, escúrralas y pélelas; póngalas sobre un paño y presiónelas con un peso hasta el día siguiente.

Cueza las judías 5 minutos en agua hirviendo con sal; deben quedar crujientes. Enfríelas en agua fría y escúrralas. Después lave las endibias y la lechuga; escúrralas.

Disponga la ensalada en 4 platos (o en una fuente grande). Añada las judías y finas láminas de *foie-gras*. Prepare entonces la vinagreta.

Corte las mollejas en filetes, salpiméntelas y enharínelas. Funda la mantequilla en una sartén y dore ligeramente en ella las mollejas. Reparta las mollejas calientes en la ensalada y aliñe con la vinagreta. Sirva de inmediato.

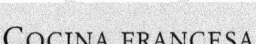

Cocina francesa

Ensalada de judías verdes con queso
(salade de haricots verts au fromage)

(para 4 personas)

600 g de judías verdes
150 g de queso cremoso (tipo Gervais o Kiri)

vinagreta:
1 cucharadita de mostaza
1 cucharada sopera de vinagre de vino
2 cucharadas soperas de aceite de oliva
estragón fresco picado
sal
pimienta

Lave y cueza las judías verdes; escúrralas, déjelas templar y alíñelas con la vinagreta.

Corte el queso en dados y mézclelo con las judías. Espolvoree con el estragón picado y sirva.

Ensalada niçoise
(salade niçoise)

(para 6 personas)

350 g de judías verdes
1 lechuga pequeña
6 tomates
200 g de atún en aceite
6 filetes de anchoas en aceite
10 aceitunas negras
2 cucharadas soperas de alcaparras

vinagreta:
2 cucharadas soperas de vinagre
5 cucharadas soperas de aceite de oliva
pimienta

Pele y deshile las judías verdes. Lávelas y déjelas cocer 10 minutos en agua hirviendo con sal.

Escalde los tomates durante 1 minuto, páselos por agua fría y pélelos; luego córtelos en cuartos. Lave y escurra la lechuga.

Seguidamente, escurra el atún y córtelo en trozos. Escurra también los filetes de anchoas y divídalos en dos en sentido longitudinal.

Cubra los bordes de una ensaladera con las hojas de lechuga enteras, y disponga en ella las judías, el tomate, el atún, las aceitunas negras y las alcaparras. Coloque encima los filetes de anchoa en forma de estrella. Aliñe con la vinagreta.

También se puede decorar esta ensalada con cuartos de huevo duro.

Ensalada de pepinos
(salade de concombres)

(para 2 personas)

2 pepinos pequeños
150 g de queso cremoso (tipo Kiri o Gervais)
1 cebolleta
1 cucharada sopera de mostaza
el zumo de 1 limón
1 rama de estragón fresco picado
sal

Pele los pepinos y píquelos; sálelos y déjelos reposar para que expulsen el agua. Prepare una salsa mezclando el queso, la mostaza, el zumo de limón y el estragón. Escurra los pepinos, mézclelos con la salsa y decórelos con la cebolleta picada.

Ensalada de queso de oveja
(salade au fromage de brebis)

(para 2 personas)

200 g de queso de oveja tierno (feta, por ejemplo)
4 tomates duros
2 bulbos de hinojo
100 g de aceitunas negras
2 cucharadas soperas de orégano seco (o mejorana)

vinagreta:
el zumo de 1 limón
6 cucharadas soperas de aceite de oliva
sal
pimienta

Lave y seque los tomates, córtelos en cuartos y póngalos en una gran fuente honda. Retire el envoltorio exterior del hinojo, lávelo, córtelo en lonchas y agréguelo a los tomates. Corte el queso en grandes dados y añádalo también. Espolvoree con orégano. Prepare la vinagreta y riegue con ella lo ya preparado. Salpimente y mezcle bien. Decore con las aceitunas negras. Sirva muy frío con pan de molde.

Mízcalos y langostinos en ensalada
(girolles et langoustines en salade)

(para 4 personas)

12 langostinos grandes
300 g de mízcalos
1 corazón de lechuga rizada
8 nueces frescas
30 g de mantequilla

salsa:
1 cucharada sopera de vinagre de sidra
sal
pimienta

Ponga los langostinos en una cazuela grande con agua y mucha sal. Tápelos y déjelos cocer 3 minutos. Retírelos.

Corte la parte terrosa del pie de los mízcalos y lávelos rápidamente con agua corriente fría uno por uno. Escúrralos y séquelos con un paño. Corte los más grandes en dos.

Saltee los mízcalos en una sartén con mantequilla. Salpiméntelos y retírelos cuando se haya evaporado el agua que hayan soltado.

Lave el corazón de lechuga y séquelo. Rompa las nueces y pélelas. Retire la cáscara de los langostinos y séquelos. Saltéelos rápidamente, 3 minutos de cada lado, con las setas y un poco de aceite. Sazone con pimienta.

Prepare la vinagreta, añádala a la ensalada y mezcle bien. Incorpore los mízcalos y las nueces, y remueva con cuidado. Reparta los langostinos alrededor y sirva de inmediato.

Sopas, cremas y potajes

Caldo de buey con croquetitas
(bouillon de bœuf aux quenelles de moelle)

(para 6 personas)

1 kg de buey (costilla, codillo, espalda, mejilla)
huesos
verduras (1 nabo, 1 puerro, 1 col verde pequeña, 1 trozo de apio, 1 cebolla picada, zanahorias y guisantes recién cocidos)
hierbas aromáticas (2 clavos, 1 hoja de laurel, nuez moscada, perejil)
pan
sal
pimienta

croquetitas:
150 g de tuétano reblandecido al baño María
2 huevos
75 g de pan rallado
1 cucharada sopera de harina
1 cucharada sopera de sémola
perejil e hinojo finamente picados
nuez moscada
sal
pimienta

Cueza los ingredientes del caldo en una olla con 3 litros de agua fría 3 horas. Espume y cuele el caldo. Reserve las verduras y la carne, pues se servirán después del caldo.

Triture el tuétano y añádale los ingredientes de las croquetitas. Forme bolitas de 1,5 cm de diámetro y póngalas a cocer unos 10 minutos en el caldo. No deje que el caldo llegue a hervir.

Sírvalo muy caliente, espolvoreado con las hierbas aromáticas picadas y rebanadas de pan tostadas.

Cocina Francesa

Consomé frío de buey y remolacha
(consommé glacé au bœuf et aux betteraves)

(para 6 personas)

600 g de buey picado
3 remolachas grandes
1 rama de apio
1 cebolla grande
2 claras de huevo
2 l de caldo de buey
1 vasito de vodka
1 pimiento verde
1 pimiento rojo
150 ml de nata líquida
mantequilla
pimienta de Cayena
pimienta molida
sal

Pele las remolachas y córtelas en láminas finas. Luego pele el apio y la cebolla y píquelos. Prepare a continuación un caldo de buey con pastillas de caldo concentrado.

Deje fundir un poco de mantequilla en un cazo y saltee el buey picado, las remolachas, la cebolla y el apio picados. Añada el caldo de buey frío. Espolvoree con pimienta y agregue las claras de huevo. Lleve a ebullición. Después espume y deje cocer a pequeños hervores durante 1 hora.

Transcurrido este tiempo, fíltrelo para lograr un consomé transparente. Añada el vodka y la pimienta de Cayena. Déjelo reposar 2 horas en el frigorífico.

Lave los pimientos y retire las semillas, córtelos en dados y añádalos al consomé. Sirva en cuencos individuales y añada la nata líquida en el último momento.

COCINA FRANCESA

Consomé de melón a la menta
(consommé de melon à la menthe)

(para 6 personas)

1,5 l de caldo de buey desengrasado (o de caldo concentrado)
1 melón de aproximadamente 1 kg
1 vaso de oporto
18 hojas de gelatina
4 ramas de menta fresca
1/2 cucharadita de pimentón dulce

Corte el melón en dos. Retire las semillas, separe la pulpa y córtela en juliana.

A continuación corte las hojas de menta y añádalas a la pulpa del melón. Mezcle y deje macerar durante 2 horas.

Caliente el caldo de buey, funda en este las hojas de gelatina (reblandecidas previamente en agua fría), añada el oporto y deje enfriar. Añada el melón a la menta sin el zumo que haya soltado. Mantenga 12 horas en el frigorífico.

Vierta los ingredientes en copas individuales o en un gran cuenco. Bata ligeramente con el tenedor antes de servir.

Cocina francesa

Consomé de mollejas con castañas y manzanas
(consommé de gésiers aux marrons et aux pommes)

(para 8 personas)

700 g de menudillos de ave
1,5 l de agua
3 dientes de ajo
1 zanahoria
1 cebolla
500 g de castañas congeladas
1 lata de mollejas confitadas
2 manzanas (tipo granny smith)
3 ramitas de perifollo
1 l de caldo de ave
pimienta en grano
sal

Ponga los menudillos de ave en una gran cazuela con los dientes de ajo, la cebolla y la zanahoria peladas, sal y pimienta. Cúbralos con agua fría, lleve a ebullición y deje hervir lentamente durante 45 minutos espumando de vez en cuando. Después pase el consomé por un colador o un paño (o papel absorbente) para que quede muy claro.

Prepare el caldo de ave con pastillas de caldo concentrado y cueza en él las castañas congeladas hasta que queden tiernas. Escúrralas y páselas por el pasapurés (de tamaño medio) de forma que obtenga fideos de castaña.

Seque las mollejas y córtelas en láminas finas. Pele y corte las manzanas en bastoncillos.

Reparta los fideos de castaña en los 8 platos disponiéndolos en forma de cúpula. Reparta luego las mollejas y las manzanas y cubra todo con el consomé hirviendo.

Decore con las hojas de perifollo.

Cocina francesa

Cotriade

(para 8 personas)

2 cebollas
3 dientes de ajo
3 kg de pescado variado (según mercado)
1 kg de patatas
perifollo
perejil
cebolleta
tomillo
laurel
manteca de cerdo
vinagreta a las finas hierbas

Pele y corte las cebollas en rodajas. Dórelas en manteca de cerdo. Cúbralas con medio litro de agua por persona (4 litros en total). Añada el ajo pelado y picado, el tomillo, el laurel y las patatas peladas y cortadas a trozos.

Cuando las patatas estén casi cocidas, retire el tomillo y el laurel. Agregue el pescado lavado, sin escamas y cortado en trozos (puede ser congrio, merluza, rubio, caballa, dorada, lubina...) y déjelo hervir, a pequeños hervores, unos minutos, vigilando que no se deshaga.

Sirva la sopa sobre rebanadas de pan, y luego el pescado y las patatas, acompañados de una vinagreta a las finas hierbas.

Cocina francesa

Crema de alcachofas
(crème d'artichauts)

(para 8 personas)

1,5 l de bechamel
7 alcachofas
250 ml de leche
100 g de mantequilla
100 ml de nata líquida
sal
pimienta

Cueza las alcachofas en agua hirviendo con sal. Retire las hojas y pique muy finamente los corazones. Incorpore estas láminas de alcachofa a la bechamel y prosiga la cocción media hora a fuego suave.

A continuación, coloque un pasapurés en una cazuela; vierta en él la bechamel y las alcachofas y apriete bien con una espátula de forma que pasen las alcachofas.

Añada la leche caliente y remueva bien. Después vuelva a poner la cazuela al fuego; pruebe y rectifique de sal y pimienta.

Justo antes de servir, añada la mantequilla y déjela fundir; luego remueva; agregue la nata líquida, remueva una vez más y caliente de nuevo la crema.

Sírvala con picatostes.

Crema de calabaza a la canela
(crème de potiron à la cannelle)

(para 4 personas)

*600 g de pulpa de calabaza
2 dientes de ajo
2 cucharadas soperas de aceite de oliva
1 clavo
1/2 cucharadita de azúcar
1 cucharadita de canela en polvo
4 cucharadas soperas de nata
4 ramitas de perifollo
sal
pimienta*

Pele los dientes de ajo y córtelos en dos. Póngalos en una cazuela de fondo grueso con el clavo, el aceite de oliva y 300 ml de agua; déjelos hervir a fuego vivo hasta lograr una emulsión. Añada la pulpa de calabaza cortada a dados. Sale, incorpore el azúcar y tape. Deje cocer 30 minutos a fuego medio hasta que la pulpa esté tierna.

A continuación, retire los dientes de ajo y el clavo, y pase la mezcla por la picadora o la batidora.

Reparta la crema en cuencos y añádale una cucharada sopera de nata. Espolvoree con la canela y decore con el perifollo.

Sirva de inmediato.

Crema fría de garbanzos, yogur y cilantro
(velouté glacé de pois chiches, yaourt et coriandre)

750 ml de yogur líquido
4 cucharadas soperas de nata ligera (o nata líquida)
250 g de garbanzos secos
1 pepino
hierbas aromáticas (laurel, tomillo, perejil...)
1 cebolla
1 pastilla de caldo de ave
sal
pimienta
pimienta de Cayena
10 ramitas de cilantro fresco

Sumerja los garbanzos en agua con bicarbonato la noche anterior. Al día siguiente, dispóngalos en una cazuela, cúbralos con agua fría y añada las hierbas aromáticas y la cebolla pelada. Cuézalos tapados, a pequeños hervores, hasta que estén tiernos. Escúrralos y páselos por el pasapurés hasta que queden lo más finos posibles.

Prepare una taza de caldo concentrado. Bata en la batidora el caldo, el puré de garbanzos y el yogur con la nata hasta que obtenga una crema perfectamente lisa y untuosa. Sazone al gusto. Vierta la crema en una sopera y consérvela en el frigorífico.

Pele y ralle el pepino; apriételo un poco para extraerle el agua. Pique el cilantro e incorpórelo, con el pepino, a la crema bien fría.

Mezcle y sirva en cuencos individuales.

Cocina francesa

Crema fría de langostinos
(velouté glacé de langoustines)

(para 6 personas)

1 kg de langostinos frescos
1 lata pequeña de tomate concentrado
200 g de nata líquida
1 cebolla
2 chalotes
1 hoja de laurel
2 cucharadas soperas rasas de arrurruz
sal
pimienta

Eche los langostinos en una olla con agua hirviendo poco salada y aromatizada con el laurel, la cebolla y los chalotes pelados y picados. Déjelos cocer 10 minutos.

Retire, a continuación, los langostinos cocidos con una espumadera. Pase el caldo por un colador muy fino. Añada el concentrado de tomate diluido en 2 vasos de agua fría y póngalo a hervir. Salpimente.

Vierta el arrurruz poco a poco, en forma de lluvia y sin dejar de batir. Agregue las colas de langostinos peladas y cortadas en dos o tres trozos; después ligue la crema con la nata líquida.

Vierta la crema en un recipiente grande, o bien en cuencos individuales en los que repartirá los trozos de langostinos, y manténgala en el frigorífico. Sírvala muy fría.

Crema Lamballe
(potage Lamballe)

(para 4 personas)

1 lata de 500 g de guisantes
2 patatas
1 cucharada sopera de tapioca
30 g de mantequilla
sal

Pele las patatas y córtelas en trozos grandes. Cuézalas 12 minutos en 1 litro de agua hirviendo con sal. Escúrralas y reserve el agua. Páselas por el pasapurés junto con los guisantes.

Mezcle el puré obtenido con el agua de cocción de las patatas y llévelo al fuego. Cuando rompa a hervir, vierta la tapioca en forma de lluvia y remueva con una cuchara de madera. Deje cocer de 6 a 8 minutos a fuego bajo.

Tras este tiempo y fuera del fuego, añada la mantequilla a trocitos y sirva la crema en una sopera.

Cocina francesa

Crema de pescadillas
(potage au merlan)

(para 4 personas)

600 g de pescadillas
4 patatas medianas
2 tomates
2 cebollas
1 zanahoria
20 g de mantequilla
hierbas aromáticas (laurel, tomillo, perejil...)
1/2 diente de ajo
1 pizca de curry
picatostes
sal
pimienta

Retire los filetes de la pescadilla y reserve las aristas, cabezas, aletas y desechos para el caldo.

Pele las patatas, las cebollas y la zanahoria. Pele los tomates y retire las semillas; córtelos en trozos.

Ponga agua en una cazuela, salpimente y eche los filetes de pescadilla, las hierbas aromáticas, las cebollas, la zanahoria y el curry. Lleve a ebullición y deje hervir durante 25 minutos.

Mientras, prepare un caldo de pescado con los restos de pescadilla (también puede utilizar caldo concentrado). Filtre el caldo con un paño o un colador fino, póngalo otra vez sobre el fuego y hierva en él las patatas. Rehogue los tomates en la mantequilla y añádalos luego al caldo de pescado con las patatas.

Mezcle todos los ingredientes y páselos por la batidora. Sirva la crema caliente en una sopera y con picatostes.

Cocina francesa

Gratinado de cebolla
(gratinée à l'oignon)

(para 4 personas)

500 g de cebollas
1 l de caldo de ave
1 cucharada sopera de harina
aceite de oliva o mantequilla
4 rebanadas de pan rústico tostadas
queso gruyer
sal
pimienta

Pele y pique las cebollas. Caliente el aceite de oliva o la mantequilla en un cazo y dore en él la cebolla picada, tapada.

Destape al final de la cocción para que se dore, espolvoree con harina y remueva con una cuchara de madera hasta que la harina tome color. Vierta el caldo, remueva, salpimente y deje cocer 20 minutos a fuego bajo y tapado.

Disponga el pan en cuencos aptos para el horno. Espolvoree con gruyer rallado, vierta la sopa y gratínela unos 10 minutos.

Sirva de inmediato.

Se puede sustituir una parte del caldo por vino blanco.

Gratinado de roquefort
(gratinée au roquefort)

(para 6 personas)

500 g de cebolla
100 g de mantequilla
100 g de queso roquefort
2 cucharadas soperas de brandy
25 g de queso gruyer
6 rebanadas finas de pan tostadas
nuez moscada
sal
pimienta

Pele y pique finamente la cebolla. Dórela en la sartén con la mantequilla, pásela a una cazuela y vierta también en ella 1,5 litros de agua hirviendo.

Deje cocer 5 minutos tras salpimentar y espolvorear con nuez moscada rallada.

Disponga las rebanadas de pan en el fondo de una fuente honda de barro o porcelana y desmenuce sobre estas el roquefort y vierta la sopa de cebolla. El recipiente debe llenarse sólo tres cuartos de su capacidad. Añada el brandy y espolvoree con el gruyer rallado.

Gratine en el horno unos 25 minutos.

Potaje bearnés
(garbure béarnaise)

(para 6 personas)

2 coles verdes
300 g de judías blancas
500 g de patatas
500 g de confite de cerdo (o de oca)
hierbas aromáticas (laurel, tomillo, perejil...)
1 rama de mejorana
1 diente de ajo
1/2 pimiento rojo
pan rústico duro
sal

Para preparar este plato necesitará una fuente grande de barro.

Pele las patatas y córtelas en trozos. Pele también las judías; si son secas, sumérjalas durante unas horas en agua fría.

En una olla con agua salada hirviendo, cueza las patatas y las judías. Añada las hierbas aromáticas con el medio pimiento rojo. Luego incorpore el ajo y la mejorana. Baje el fuego pero vigile que el agua no deje de hervir.

Al cabo de 2 horas, añada las coles cortadas en láminas (tras retirar el gran tallo central de las hojas). Tape y deje cocer.

Una hora antes de servir, añada el confite. Corte el pan en rebanadas y dispóngalas en una sopera. Vierta la sopa por encima tras retirar las hierbas aromáticas y el pimiento. La mezcla debe quedar muy espesa.

Potaje Edmée
(potage Edmée)

(para 4 personas)

1 coliflor
2 puerros
3 cebollas
1 cucharada sopera de harina
30 g de mantequilla
perifollo
1 pastilla de caldo de ave
1 yema de huevo
100 ml de nata líquida
sal
pimienta

Lave los puerros y córtelos en rodajas. Pele las cebollas y píquelas. Divida la coliflor en ramitos y lávelos.

A continuación funda la mantequilla en una cazuela y dore en ella las cebollas y las rodajas de puerro durante 5 minutos, sin dejar de remover; añada la harina y siga removiendo bien. Vierta 1 litro de agua en esta cazuela, llévela a ebullición y diluya en ella la pastilla de caldo. Agregue dos tercios de la coliflor. Salpimente ligeramente. Cubra y deje cocer 35 minutos.

Cueza el resto de la coliflor en agua hirviendo durante 15 minutos, escúrrala y píquela junto con el perifollo.

Pase el potaje por el pasapurés. Viértalo otra vez en la cazuela y déjelo hervir 1 minuto mientras remueve. Retire del fuego.

Mezcle bien la nata líquida y la yema de huevo e incorpórelas al potaje; remueva constantemente. Añada la coliflor picada y el perifollo.

También se pueden añadir las hojas verdes de la coliflor, pues contienen muchas vitaminas.

Potaje de guisantes
(potage Saint-Germain)

(para 6 personas)

350 g de guisantes secos
2 cebollas
hierbas aromáticas (laurel, tomillo, perejil...)
125 g de nata líquida
30 g de mantequilla
picatostes
sal

Sumerja los guisantes en agua fría durante 2 horas. Escúrralos. Luego ponga una olla al fuego con 1,5 litro de agua, las cebollas peladas y picadas, los guisantes y sal. Cueza 50 minutos y espume varias veces. Páselo por la picadora, póngalo al fuego 10 minutos más y añada la nata sin dejar de remover. Viértalo en una sopera caliente sobre los picatostes. Decore con nueces de mantequilla y sirva.

Potaje verde
(potage au vert)

(para 4 personas)

500 g de espinacas
1 lata de acelgas
3 puerros
1 rama de perifollo
1 rábano negro
sal

Separe las pencas de las acelgas y la parte verde de los puerros y resérvelas para otro plato. Lave las verduras en varias aguas. Pele el rábano negro y córtelo en dados. Escáldelos aparte durante 5 minutos. Mientras tanto, pique burdamente las verduras; reserve la mitad del perifollo. Póngalas en una olla grande con 1 litro de agua hirviendo con sal y déjelas hervir 20 minutos. Pase el potaje por la batidora. Luego añada el resto del perifollo muy picado. Deje en infusión algunos minutos antes de servir. Este potaje puede consumirse caliente o frío.

COCINA FRANCESA

Pot-au-feu

(para 6 personas)

1 kg de espaldilla de buey
500 g de codillo
1 hueso de tuétano
1 kg de zanahorias
1 kg de puerros
1 cebolla
1 rama de apio
3 dientes de ajo
1 clavo
sal
pimienta

Ponga 4 litros de agua fría en una olla con un puñado de sal gorda y la carne. Manténgala a fuego bajo espumando a menudo hasta que llegue a ebullición. Déjela entonces hervir, a fuego lento y un poco destapada para que pueda salir el vapor.

Pele las verduras, lávelas y añádalas al guiso con el ajo triturado y la cebolla pinchada con el clavo. Espume.

Al cabo de 2 horas y media de cocción (contadas desde el principio), añada el hueso de tuétano envuelto en una muselina para que no escape el tuétano. Déjelo cocer hasta 3 horas y media en total.

Para dar color al caldo basta con añadir un poco de caramelo y removerlo bien.

Deje que el caldo se enfríe bien para que la grasa quede en la superficie y pueda retirarla con facilidad*.

La carne del *pot-au-feu* se presenta en una fuente rodeada de las verduras de la cocción y de algunas patatas cocidas aparte.

El hueso del tuétano se sirve aparte, rodeado de picatostes y limón. Acompañe este plato con sal gorda, mostaza y mayonesa.

* Si desea conservar este caldo algunos días en el frigorífico, no retire esta grasa de la superficie hasta el último momento.

Cocina francesa

Sopa de bogavante con cangrejo
(bisque de homard au crabe)

(para 4 personas)

1 lata de 300 g de sopa de bogavante
1 lata de 250 g de migas de cangrejo
4 langostinos
30 g de mantequilla
1 cucharada sopera de brandy
50 g de nata líquida
1 vaso de vino blanco seco
1 cucharada sopera de aceite de oliva
1 vaso de leche

Caliente el aceite de oliva y la mantequilla en una cazuela a fuego vivo. Incorpore los langostinos. Vierta el brandy y flamee.

Añada el vino blanco, tape y deje cocer 5 minutos. Apague el fuego, retire los langostinos con una espumadera y resérvelos. Escurra las migas de cangrejo y pele los langostinos.

Vierta el contenido de la lata de sopa de bogavante en una cazuela, mezcle bien y ponga a fuego suave. A continuación, llene la lata vacía hasta la mitad con leche y el resto con agua; añádalo poco a poco a la sopa mientras va removiendo y sin dejar que hierva.

Incorpore las migas de cangrejo y los langostinos. Deje cocer 3 minutos más a fuego bajo. Añada la nata líquida y sirva en cuencos individuales procurando repartir equitativamente los crustáceos.

Cocina francesa

Sopa de caracoles al ajo confitado
(soupe d'escargots à l'ail confit)

(para 6 personas)

6 docenas de caracoles en conserva
30 dientes de ajo
100 g de perejil picado
200 g de mantequilla
1 limón
sal
pimienta

caldo:
750 ml de vino blanco seco
1 cebolla
1 zanahoria
2 chalotes
2 cortezas de tocino
hierbas aromáticas (laurel, tomillo, perejil...)
sal
pimienta

Primero prepare el caldo: pele la cebolla, la zanahoria y los chalotes; póngalos en una cacerola junto con las hierbas aromáticas, las cortezas de tocino, el vino blanco, sal y pimienta, y deje hervir 30 minutos.

Después disponga los dientes de ajo, sin pelar, en una fuente apta para el horno, riéguelos con aceite y déjelos cocer 20 minutos en el horno ya caliente.

Mezcle la mantequilla con el perejil picado hasta que obtenga una crema homogénea. Salpimente.

Luego caliente los caracoles 5 minutos en el caldo corto en ebullición. Incorpore la mantequilla al perejil, en pequeñas cantidades, batiendo con energía. Rectifique de sal y pimienta y añada el zumo de limón.

Disponga un plato hondo, previamente calentado, para cada comensal. Sirva en cada uno 1 docena de caracoles y 5 dientes de ajo, y cúbralos con la mantequilla al perejil y el caldo.

Sopa de castañas
(potage aux marrons)

(para 4 personas)

1 l de leche
500 g de castañas
2 cebollas medianas
1 rama de apio
30 g de mantequilla
4 cucharadas soperas de nata líquida
sal
pimienta

Retire la cáscara de las castañas, póngalas en agua fría salada y llévelas a ebullición; cuézalas durante 30 minutos, escúrralas y retire la segunda piel.

Pele y pique las cebollas. Saltéelas en la mantequilla con el apio, también cortado en tiras finas. Salpimente.

A continuación mezcle las castañas con las cebollas y el apio y pase todo por la batidora. Incorpore poco a poco la leche caliente, sin dejar de remover. Cueza la mezcla resultante a fuego bajo durante 3 minutos y removiendo constantemente.

Añada la nata líquida justo antes de verter la sopa en la sopera y servirla.

Sopa de cebolla con champaña
(soupe à l'oignon au champagne)

(para 6 personas)

500 g de cebolla
50 g de mantequilla
4 yemas de huevo
300 g de queso tipo brie
1 botella de champaña o de cava
1 vaso de oporto
12 rebanadas de pan rústico tostadas
sal
pimienta de Cayena

Pele las cebollas y píquelas; dórelas en mantequilla y, cuando estén doradas, riéguelas con el champaña o el cava. Salpimente y deje cocer durante 1 hora.

Seguidamente, bata las yemas de huevo con el oporto.

Deshaga el queso tipo brie y déjelo fundir en la sopa, removiendo con la cuchara de madera.

Añada los huevos al oporto y detenga la ebullición.

Vierta esta sopa en platos hondos sobre el pan tostado.

Cocina francesa

Sopa de col nueva
(soupe au chou nouveau)

(para 4 personas)

1 col verde nueva
3 cebolletas
1 puerro
150 g de tallarines
7 alas de ave
4 salchichas
2 cucharadas soperas de aceite de oliva
8 rebanadas de pan
sal
pimienta

Limpie el puerro y córtelo en trozos pequeños. Lave la col y córtela en tiras. Pele las cebolletas y córtelas en rodajas.

Caliente una cucharada sopera de aceite de oliva en una cazuela. Incorpore el puerro y las alas de ave. Remueva durante 5 minutos y vierta a continuación 1,5 litros de agua. Salpimente y lleve a ebullición. Añada las cebolletas y deje hervir durante 15 minutos.

Incorpore la col y baje el fuego. Tape y deje que prosiga la cocción durante 10 minutos más.

Mientras tanto, caliente en una sartén el resto del aceite y saltee en él las salchichas durante 10 minutos, dándoles la vuelta de vez en cuando. Luego retírelas, córtelas en trozos y añádalas a la sopa.

Agregue los tallarines. Deje cocer 10 minutos más.

Sirva la sopa con las rebanadas de pan (rústico, si es posible) tostadas. Se puede servir como plato único.

Sopa cremosa
(potage velouté)

(para 4 personas)

1,5 l de caldo (mejor si es de cocido)
40 g de harina
75 g de mantequilla
3 yemas de huevo
125 g de nata líquida
sal
pimienta
picatostes

En una cazuela de tamaño medio, funda 50 g de mantequilla. Añada la harina, remueva con una cuchara de madera y cuézala 2 minutos sin dejar que se dore. Retire del fuego y, sin dejar de remover, incorpore el caldo caliente. Vuelva a poner la cazuela al fuego y deje hervir lentamente unos 20 minutos. Salpimente. En un cuenco, ligue las yemas de huevo batidas con la nata líquida. Retire la sopa y añádale la mezcla anterior removiendo con energía. Caliéntela al fuego, removiendo y sin dejar que hierva. Añada el resto de la mantequilla. Pase la sopa por un colador fino y viértala en una sopera. Sírvala con picatostes.

Sopa de los deseos
(soupe aux apétits)

(para 6 personas)

24 cebollitas pequeñas y blancas
mantequilla
pan rústico
sal
pimienta

Pele y corte en rodajitas las cebollitas. Cuézalas en 2 litros de agua salpimentada. Tueste el pan cortado en rebanadas y dispóngalo en platos hondos. En el momento de servir, añada un trozo de mantequilla a la sopa y viértala sobre el pan tostado.

Cocina francesa

Sopa fría de berros y limón
(soupe glacée au cresson et au citron)

(para 4 personas)

1 bolsa de berros
1 yogur
1 cebolla
250 ml de leche
1 yema de huevo
1 limón
sal
pimienta

Limpie los berros con agua abundante y corte los tallos al ras de las hojas; escúrralos bien y trocéelos con el cuchillo.

Pele y pique la cebolla. Ralle la piel del limón finamente.

Vierta 500 ml de agua y la leche en una cazuela. Añada los berros, la cebolla y la raspadura de limón. Salpimente. Lleve a ebullición y deje cocer durante 30 minutos a fuego bajo.

Después pase la sopa por la batidora y déjela enfriar. Cuando esté muy fría, añada el yogur mezclándolo con cuidado. Mantenga la sopa durante 1 hora en el frigorífico.

En el momento de servir, bata la yema de huevo, líguela con el zumo del limón, viértala en la sopa y mezcle.

Sopa de Granville
(soupe de Granville)

(para 4-6 personas)

1 kg de pescado blanco variado
6 cangrejos pequeños (nécoras)
mantequilla
perejil
vinagre
pan rústico
sal
pimienta

Se limpian los pescados y se cortan en trozos más o menos iguales en peso. Se lavan los cangrejos y se pone todo en una olla grande con 2 litros de agua salpimentada. Se lleva a ebullición y se deja hervir 10 minutos. Después se escurre el pescado pero sin tirar el caldo de cocción, que se dejará hervir unos minutos. Se añade al caldo un trozo de mantequilla, se sazona con abundante perejil picado y se vierte en cuencos sobre rodajas de pan tostado. El pescado se sirve aparte en una fuente caliente, rociado con mantequilla fundida y vinagre.

Sopa gratinada de sémola
(soupe grillée à la semoule)

(para 4 personas)

1 cebolla grande
1/2 lata de tomate
3 cucharadas soperas de sémola de trigo
1 pastilla de caldo
1 nuez de mantequilla

Pele y pique la cebolla. Dórela con la mantequilla. Añada el contenido de la lata de tomate con su zumo, 750 ml de agua hirviendo y caldo concentrado. Deje cocer 10 minutos a fuego suave y tapado. Sazone luego con pimienta. Dore la sémola en un poco de mantequilla y viértala en forma de lluvia; deje cocer 5 minutos más antes de servir.

Cocina francesa

Sopa de menudillos
(potage aux abattis de volaille)

(para 6 personas)

2 menudillos de pollo
2 cucharadas soperas de mantequilla
1 cucharada sopera de harina
2 yemas de huevo
1 cebolla grande
2 patatas
hierbas aromáticas (laurel, tomillo, perejil, romero y mejorana)
1,5 l de caldo de ave
sal
pimienta

Limpie todos los menudillos de pollo salvo los hígados, que se desechan.

En una cazuela, saltee la cebolla, ya pelada y picada, con la mantequilla. Agregue los menudillos y saltéelos. Espolvoree con la harina, remueva y añada el caldo. Mezcle bien y deje hervir. Salpimente, añada las hierbas, la mejorana y el romero y deje cocer a fuego suave.

Cueza las patatas peladas durante 10 minutos.

Cuando los menudillos estén casi cocidos, retírelos y trocéelos. Cuele el caldo e incorpore la carne y las patatas cortadas a dados. Lleve al fuego. Cuando las patatas estén completamente cocidas, la sopa estará lista.

Fuera del fuego, bata las dos yemas y agrégueles un poco de caldo; después, sin dejar de remover, añada esta mezcla a la sopa. Sirva de inmediato.

Sopa de pan
(panade soubise)

(para 6 personas)

1,5 l de caldo de pollo (de pastilla)
250 g de pan duro
6 cebollas grandes
3 cucharadas soperas de nata líquida
1 yema de huevo
mantequilla
sal
pimienta

Disuelva unas pastillas de caldo de pollo concentrado en agua hirviendo.

Pele las cebollas y corte cada una en ocho trozos. Póngalos en una cazuela pequeña con 20 g de mantequilla y algunas cucharadas soperas de caldo. Manténgala al fuego, muy bajo, hasta que se evapore todo el líquido.

Entretanto, eche en el caldo caliente la miga de pan desmenuzada. Deje cocer 10 minutos a fuego bajo. Páselo a continuación por la batidora.

Pique finamente las cebollas o páselas por la picadora, incorpórelas a la sopa.

En un cuenco, mezcle la nata y las yemas de huevo. Añada un poco de caldo caliente sin dejar de remover.

Vierta esta mezcla en la cazuela del caldo. Salpimente y ligue a fuego muy lento sin dejar que hierva.

Vierta la sopa en la sopera y añada una gran nuez de mantequilla fresca. Se puede acompañar con algunas rodajas de cebolla frita.

Sopa de patatas a la alsaciana
(potage aux pommes de terre à l'alsacienne)

(para 6 personas)

750 g de patatas
1 puerro
1 cebolla grande
1 rama de perejil y perifollo
100 ml de nata líquida
50 g de mantequilla
1,5 l de caldo o de agua
aceite
nuez moscada
picatostes
sal
pimienta

Dore la cebolla, una vez pelada y picada, en un poco de aceite. Añada a continuación el puerro lavado y picado. Salpimente.

Pele y corte las patatas en finas láminas, agréguelas a las cebollas y el puerro, añada también un poco de caldo y deje hervir unos 10 minutos.

Vierta a continuación el resto del caldo, el perejil y el perifollo picados y deje cocer 30 minutos a fuego medio.

Pase todo por la picadora y líguelo con la nata líquida (o leche fresca). Añada una nuez de mantequilla, rectifique de sal y pimienta e incorpore la nuez moscada.

Sirva muy caliente con picatostes fritos en mantequilla.

Cocina francesa

Sopa de rabo de buey
(soupe à la queue de bœuf)

(para 4 personas)

300 g de rabo de buey
2 cebollas pequeñas
2 zanahorias pequeñas
2 ramas de apio
1 cucharada sopera de aceite de oliva
perejil
tomillo
laurel
sal
pimienta

Desengrase el rabo de buey y córtelo en trozos de unos 4 cm.

Pele y pique las cebollas. Pele, lave y corte las zanahorias en dados. Retire los hilos del apio, lávelo y córtelo en láminas.

Caliente el aceite en una cazuela y saltee en él los trozos de rabo de buey y las verduras durante unos 5 minutos, removiendo hasta que estén ligeramente dorados. Añada entonces 2 litros de agua fría y llévelos a ebullición. Agregue el tomillo y el laurel, salpimente y reduzca el fuego; deje cocer a fuego bajo durante 3 horas.

Después, retire el tomillo y el laurel y desengrase el caldo con una espátula (la grasa queda en la superficie). Retire con una espumadera los trozos de rabo de buey. Separe la carne de los huesos y vuelva a introducir los trozos de carne en la sopa desengrasada. Caliente.

Reparta en platos individuales las verduras y la carne y decore con el perejil picado. Sirva muy caliente.

Cocina Francesa

Sopa de sarraceno
(soupe de sarrasin)

(para 4 personas)

300 g de tocino
manteca de cerdo
harina de sarraceno (1 cucharada por persona)
hierbas aromáticas (tomillo, laurel y menta)
nuez moscada molida
picatostes
sal
pimienta

Corte el tocino en dados y dórelo en la manteca de cerdo. Añada las hierbas aromáticas, un poco de agua y la nuez moscada molida. Deje cocer 15 minutos a pequeños hervores.

Diluya la harina de sarraceno en un poco de agua fría; luego añada agua hasta que obtenga una crema lisa y sin grumos.

Retire las hierbas aromáticas de la cazuela y vierta la crema de sarraceno sobre el tocino. Salpimente y deje cocer 10 minutos espumando de vez en cuando.

Sirva la sopa sobre picatostes fritos en manteca de cerdo.

Sopa de verduras tradicional
(soupe de légumes traditionnelle)

(para 6 personas)

400 g de patatas
250 g de zanahorias
150 g de nabos
150 g de puerros
1 rama de apio
1 diente de ajo
mantequilla
2 ramas de perejil
tomillo
sal
pimienta

Pele las patatas, las zanahorias y los nabos y lávelos. Pele también los puerros, retire la parte verde, las hojas feas y la parte inferior, y lávelos bien. Corte todas las verduras en trocitos.

Ponga a hervir 1,5 litros de agua en una olla y, cuando rompa a hervir, incorpore las verduras, el perejil, el tomillo y el ajo. Remueva con cuidado.

Lleve a ebullición; deje hervir durante 15 minutos sin tapar y a fuego fuerte. Disminuya la intensidad del fuego cuando el agua se vuelva un poco harinosa. Rectifique de sal y pimienta. Al cabo de unos 45 minutos las zanahorias deben estar tiernas.

Pase la sopa por la batidora, póngala otra vez en una cazuela y llévela al fuego para que esté bien caliente.

Viértala en la sopera y añada, en el último momento, una gran nuez de mantequilla fresca.

Vichyssoise

(para 4-6 personas)

4-6 puerros
3 cebollas
4 patatas
2 cucharadas soperas de mantequilla
1 l de caldo de pollo concentrado
nata líquida
1 pizca de nuez moscada
sal
pimienta

Lave bien los puerros y córtelos. Pele las cebollas y las patatas. Pique las cebollas y corte las patatas en dados.

Saltee suavemente en la mantequilla las cebollas picadas y los puerros cortados hasta que queden muy tiernos, pero evitando que se doren. Añada las patatas removiéndolas para que se cubran de mantequilla.

Prepare el caldo y agréguelo al preparado anterior. Salpimente y espolvoree un poco de nuez moscada. Déjelo cocer, poco a poco y tapado, durante 30 minutos.

Transcurrido este tiempo, pase todo por la batidora y añada la nata líquida.

Esta sopa se consume fría, con algunas cebollas nuevas servidas aparte, pero también es deliciosa a temperatura ambiente o gratinada con queso gruyer.

Otros entrantes

Arroz y coliflor al horno
(riz et choufleur au four)

(para 4 personas)

200 g de arroz
200 g de bechamel
1 coliflor pequeña
1 cebolla pequeña
1 pastilla de caldo
mantequilla
parmesano rallado
sal

Se separa la coliflor en ramilletes que se cuecen al dente en agua salada. Se reserva un poco del agua de cocción. Se hace el caldo con la pastilla y agua.

Se sofríe el arroz y la cebolla picada en 2 nueces de mantequilla, se añade el caldo y el agua de cocción de la coliflor a partes iguales para que, en total, haya un poco menos del doble del volumen de arroz, y se deja cocer durante 14 minutos.

A continuación se escurre el líquido sobrante; se vierte la mitad del arroz en una fuente de horno engrasada con mantequilla y se reparte por encima la coliflor y el arroz restante. Se cubre con la bechamel y el parmesano rallado y se gratina en el horno muy caliente.

Se sirve de inmediato.

Bacalao con tomates y patatas
(morue à la tomate)

(para 6 personas)

450 g de bacalao
8 tomates (2 de ellos, muy maduros)
500 g de patatas
1 vaso de vino blanco seco
3 huevos duros
3 chalotes picados
2 cucharadas soperas de vinagre
4 cucharadas soperas de aceite de oliva
2 dientes de ajo picados
cebolleta picada
1 hoja de laurel
perejil
sal
pimienta

La víspera de la elaboración de la receta, desale el bacalao en agua fría, renovándola varias veces.

Ponga el bacalao desalado en una cazuela con agua fría, añada el laurel, algunos granos de pimienta, un hilo de vinagre y una pizca de sal. Lleve la cazuela al fuego y, cuando el agua hierva, deje cocer a fuego muy bajo de 10 a 12 minutos.

Cueza las patatas con su piel en agua salada, pélelas y córtelas en dados; póngalas en una ensaladera con la picada de chalotes. Salpimente y deje que se temple.

Escurra el bacalao, separe los filetes y añádalos a las patatas. Pele los 6 tomates más duros, córtelos en dados grandes e incorpórelos al bacalao.

Prepare una vinagreta con las hierbas y el ajo picados; mezcle bien. Pele y quite las semillas de los 2 tomates maduros, tamícelos y añádalos a la salsa; remueva. Vierta esta salsa sobre la ensalada y mezcle bien.

Decore con aceitunas negras y huevos duros cortados en cuartos.

Berenjenas con albahaca
(aubergines au basilic)

(para 4 personas)

4 berenjenas grandes
2 huevos
2 limones
1 diente de ajo
3 ramas de albahaca

mayonesa:
1 huevo
aceite de oliva
mostaza
el zumo de 1 limón
sal
pimienta

Ponga al fuego una olla grande con agua y sal. Cuando el agua hierva, eche las berenjenas peladas y cortadas en grandes trozos y déjelas cocer de 5 a 8 minutos. Después escúrralas.

Exprima el zumo de los limones y viértalo sobre las berenjenas colocadas en una ensaladera.

Lave y pique la albahaca. Pele y pique el ajo. Espolvoree las berenjenas con el ajo y la albahaca picados. Sazone con pimienta. Remueva con suavidad y deje macerar media hora.

Cueza los huevos, pélelos y trínchelos. Prepare una mayonesa y, en el momento de servir, cubra las berenjenas con la mayonesa y espolvoréelas con los huevos duros picados.

Sírvalas muy frías.

Cocina francesa

Bolas de queso de Borgoña
(gougères bourguignonnes)

(para 6 personas)

100 g de queso tipo emental
50 g de mantequilla
150 g de harina
3 huevos enteros
1 yema
sal
pimienta

En un cazo, funda la mantequilla con una pizca de sal y pimienta. Retírelo del fuego y vierta en él la harina de golpe. Remueva rápidamente con la espátula y vuelva a poner el cazo a fuego muy suave sin dejar de remover con energía, hasta que la mezcla se desprenda de los bordes del recipiente.

Deje templar la masa e incorpore los huevos enteros, uno por uno, y luego el queso cortado en dados.

Con una cuchara sopera, forme bolas con la masa y colóquelas en una bandeja de horno untada con mantequilla.

Diluya la yema de huevo con un poco de agua fría y pinte con ella las bolas. Luego introduzca la bandeja en el horno y deje cocer durante 25 minutos.

Estas *gougères* se sirven también como aperitivo.

Col rellena
(chou farci)

(para 6 personas)

1 col blanca grande
1 pollo pequeño
200 g de tocino
lonchas de panceta
3 huevos enteros
4 yemas
miga de pan
leche
verduras (nabos, puerros, apio, zanahorias)
1 cebolla
1 diente de ajo
perejil
especias al gusto
sal
pimienta

Cueza el pollo y las verduras en agua con sal y pimienta. Deje enfriar.

Deshuese el pollo y pique la carne. Mézclela con el tocino picado, la cebolla y el ajo pelados y picados, un poco de miga de pan mojada en leche y prensada, sal, pimienta, las especias y el perejil picado. Mezcle bien la masa con los huevos enteros.

Luego separe las hojas de la col, lávelas y escáldelas un momento en agua hirviendo. Escúrralas y séquelas con un paño.

En una cazuela, disponga la panceta. Coloque por encima las hojas de col saladas y sazonadas con pimienta de forma que se solapen un poco y cubran las paredes de la cazuela. Rellénelas con el preparado de pollo. Luego doble las hojas por encima, cúbralas con una tira de panceta y déjelas cocer, tapadas, durante 3 horas, a fuego bajo; riéguelas de vez en cuando con el caldo de pollo.

Coles de las Ardenas
(choux à l'ardennaise)

(para 4-6 personas)

2 coles pequeñas blancas (nuevas)
3 manzanas (que no sean golden)
1 vaso de vino blanco seco
manteca de cerdo
enebro
sal
pimienta

Pele, lave y corte las coles en cuartos. Escáldelas durante 15 minutos en agua hirviendo con sal. Píquelas muy finas.

En una cazuela aparte, caliente la manteca de cerdo y agregue la col. A continuación, incorpore las manzanas peladas y cortadas a dados. Riegue con el vino blanco. Salpimente. Añada unas bayas de enebro y lleve a ebullición. Tape y deje cocer a fuego bajo, durante 1 hora.

Este plato acompaña perfectamente las salchichas a la parrilla o el buey a la brasa.

Fiambre de Mans
(rilletes de Mans)

1,5 kg de filetes entreverados de carne de cerdo
algunos huesos
sal
pimienta

Se corta la carne en dados separando la grasa.

Se pone la grasa aparte en una olla con medio vaso de agua salada. Se cuece ligeramente y se añade la carne y los huesos. Se cubre y se deja cocer 3 horas a fuego suave.

Se retiran los huesos y se sazona con abundante pimienta y sal al gusto. Se deja cocer otra hora larga sin dejar de remover con la cuchara de madera.

El plato estará en su punto cuando la carne tome un color amarillo dorado y la grasa haya dejado de humear. Con esta pasta caliente se rellenan unos tarros de barro o cerámica.

Una vez fríos, se cubren con manteca de cerdo o grasa fundida.

Fiambre de Orleáns
(rilletes d'Orléans)

1 conejo de monte
su peso en tocino fresco
manteca de cerdo
especias
sal
pimienta

Se corta el conejo en piezas, y el tocino, en dados. Se salpimentan y se aliñan con las especias al gusto.

Se pone en una olla medio vaso de agua y se añaden la carne y el tocino. Se tapa la olla y se deja cocer a fuego suave 3 horas, removiendo de vez en cuando.

Una vez cocido, se pasa por la picadora y se dispone en un tarro. Se cubre la superficie del fiambre con la manteca derretida y se guarda en el refrigerador.

Fiambre de Tours
(rilletes de Tours)

4 kg de carne de cerdo
1 kg de grasa fresca de cerdo
sal
pimienta

En un olla se pone a fundir la grasa cortada en daditos hasta que se dore el fondo de la olla.

En ese momento, se añade la carne cortada en pedacitos. Se salpimenta y se deja cocer durante 6 horas a fuego lento.

Cuando la carne está tibia, se maja en el mortero durante un buen rato, hasta que queda convertida en una pasta, y se envasa en botes.

Hogaza de queso
(tourteau fromagé)

(para 8 personas, 2 hogazas)

masa base:
200 g de harina
100 g de mantequilla
1 huevo
sal

300 g de queso de cabra fresco escurrido
150 g de azúcar en polvo
5 huevos
6 cucharadas soperas rasas de harina
5 cucharadas soperas rasas de fécula
2 cucharadas soperas de nata líquida
1 cucharada sopera de agua de azahar
sal

Prepare la masa: eche en un cuenco la harina, forme un pozo en el centro y ponga en él la mantequilla reblandecida y a trocitos. Añada el huevo y una pizca de sal. Amase bien y forme una bola. Déjela reposar.

Entretanto, ponga el queso de cabra fresco en un cuenco y desmíguelo bien con el tenedor. Añada la nata líquida, luego el azúcar, la harina, la fécula y el agua de azahar.

Casque los huevos y separe las claras de las yemas. Añada las yemas al preparado de queso y trabaje la masa hasta que esté muy lisa (se puede terminar el trabajo con la batidora). A continuación, monte las claras a punto de nieve con una pizca de sal e incorpórelas delicadamente a la mezcla anterior.

Caliente el horno a temperatura media. Unte con mantequilla dos moldes de 15 a 17 cm de diámetro. Estire la masa hasta darle un grosor de 2 mm y cubra con ella los moldes. Reparta el preparado de queso sobre ella. Hornee aproximadamente 1 hora, primero a temperatura media, luego más baja. Al final de la cocción, la masa será casi negra; esta costra, aparentemente quemada, se come. Cuando las hogazas de queso se hayan enfriado, desmóldelas.

Esta especialidad se puede saborear en cualquier momento y es particularmente adecuada para el desayuno.

Huevos al estilo de Fécamp
(œufs à la mode de Fécamp)

(para 2-3 personas)

6 huevos
200 g de camarones
200 g de setas de cardo
mantequilla
harina
finas hierbas
calvados
sal
pimienta

Se cuecen los huevos y se pasan por el chorro de agua fría; se pelan y se cortan por la mitad en sentido longitudinal.

Se pelan los camarones y se reservan las cabezas y las cáscaras. Se pelan las setas y se cuecen 10 minutos en agua hirviendo con limón y mantequilla. Se escurren y, en el agua de cocción, se hierven las cabezas y las cáscaras de camarón. Cuando estén cocidas se pasan por el tamiz haciendo la máxima presión posible.

En una cacerola se hace una salsa blanca con una nuez de mantequilla y un poco de harina; la salsa se aclara con el agua de cocción y se le añade un chorrito de calvados.

Se trituran las yemas de los huevos junto con las setas, los camarones, la sal, la pimienta y las finas hierbas picadas, y con la pasta obtenida se rellenan las medias claras de huevo. Se cubren los huevos rellenos con la salsa blanca y se introducen en el horno unos minutos.

Cocina francesa

Huevos al vino tinto de Berry
(œufs au vin rouge du Berry)

(para 4 personas)

4 huevos
3 cebollas grandes
1 botella de vino tinto
mantequilla
harina
pan tostado
hierbas aromáticas (laurel, tomillo, perejil...)
sal
pimienta

Pele y pique las cebollas. Hierva el vino tinto con las cebollas picadas y las hierbas aromáticas, la sal y la pimienta, durante 15 minutos.

Casque los huevos, uno por uno, y échelos en el vino hirviendo. Déjelos cuajar durante unos 4 minutos. Retírelos con una espumadera y resérvelos en una fuente caliente.

Retire las hierbas aromáticas. Después, ligue la salsa con un poco de mantequilla con harina y déjela hervir sin dejar de remover. Rectifique de sal y pimienta. Vierta la salsa sobre los huevos. Sirva con pan de leña tostado.

Esta receta también la puede preparar con vino blanco. En ese caso, añada a la salsa un diente de ajo picado y un poco de tocino previamente dorado.

Masa hervida
(farcidure)

(para 6-8 personas)

500 g de masa de pan
100 g de tocino
200 g de acedera
4 huevos
1 pizca de harina
manteca de cerdo
caldo de carne o de verduras

Se mezclan los huevos con un vaso de agua caliente, la masa de pan y la harina. Se amasa a conciencia y se cubre con un paño caliente. Se deja que suba durante 2 horas al amor de la lumbre (o de la estufa).

Después se extiende con la palma de la mano y se le añade el tocino rallado y la acedera picada. Con esta masa se hacen bolas del tamaño de un puño que se cocerán durante 1 hora en el caldo. Se escurren las bolas y se dejan enfriar.

Se cortan las bolas en rodajas de 1 cm de grosor y se pasan un poco por la sartén con la manteca de cerdo.

Pasteles de queso de cabra de Chavignol
(pâté au fromage de chèvre de Chavignol)

(para 6 personas)

6 bolas de queso tierno Chavignol
masa de hojaldre
mantequilla
1 huevo
tomillo

Se raspa la corteza de los quesos.

Se extiende la masa de hojaldre y se cortan de ella, con la ayuda de un cuenco, 2 piezas redondas por cada queso.

Sobre una de las piezas se coloca un queso, y encima del queso, una nuez de mantequilla batida con un poco de tomillo. Se cubre con la otra pieza de masa y se pegan los bordes de una y otra con los dedos mojados. Se procede del mismo modo con los demás quesos.

Se bate el huevo y se unta con él la superficie de los pastelillos. Se cuecen en el horno a fuego suave hasta que estén dorados.

Se dejan enfriar antes de servir.

*Polenta**
(gaudes)

(para 6 personas)

250 g de harina de maíz tostada
80 g de mantequilla
leche
nata
sal
pimienta

Se diluye la harina en agua fría, evitando que se formen grumos, y se pone a cocer a fuego muy suave. Se salpimenta, se añade la mantequilla y se remueve sin parar con una cuchara de madera, siempre en el mismo sentido.

A medida que la polenta espesa, se vierte leche caliente sin dejar de remover. La cocción debe durar al menos hora y media.

Para comer la polenta, cada uno hace en el centro de su parte un agujero donde vierte nata al gusto.

* La polenta o gachas de maíz era, en otros tiempos, el «plato de pobre» francés. A veces se le añadía tocino.

Cocina francesa

Puré de patatas y queso
(aligot)

(para 5 personas)

1 kg de patatas que se deshagan bien
600 g de queso fresco tipo laguiole o cantal
2 dientes de ajo
50 g de tocino graso
50 g de mantequilla
leche
sal
pimienta

Se cuecen las patatas y se hace un puré con ellas. Se añade el ajo majado, la mantequilla, la grasa del tocino derretida y se suaviza todo con un poco de leche hirviendo.

Se pone el puré al baño María y se le añade el queso cortado en láminas finas.

Se trabaja la masa con la cuchara de madera haciendo «ochos» con ella hasta obtener una masa fluida y homogénea.

Cocina francesa

Tarta de puerros
(flamique à porions)

(para 6 personas)

masa quebrada:
harina
2 huevos
mantequilla derretida
agua
sal

1 manojo de puerros
1 yema de huevo
mantequilla
sal
pimienta

Forme dos bases de empanada con la masa quebrada, una de 5 mm de espesor y otra más fina.

Lave y corte finamente los puerros (retirando la parte verde). Rehóguelos ligeramente con mantequilla y salpimente.

Extienda la masa más gruesa sobre una tartera untada con mantequilla. Añada los puerros cocidos y ya fríos, y a continuación la yema de huevo. Tape con la capa fina de masa quebrada y suelde bien los bordes. Cuézala en el horno caliente.

Este plato tradicional puede realizarse con calabaza y cebollas, picadas y cocidas, como acompañamiento.

Tarta de queso
(flamiche au Maroilles)

(para 4 a 6 personas)

1 cuenco de harina
1 nuez de levadura de panadería
1 pizca de azúcar
1 huevo
mantequilla
1 cucharada sopera de aceite de oliva
queso cremoso
sal
pimienta

A mano, mezcle la harina, la levadura, el huevo, la mantequilla ablandada, una pizca de sal y el azúcar; la masa debe ser firme y puede, si es preciso, aclararse con leche. Extiéndala sobre una tartera. Cubra la masa con lonchas de queso. Sazone bien con pimienta y manténgala 1 hora en el horno caliente. Luego hornee, de 5 a 6 minutos, a temperatura alta. Sirva con mantequilla fundida sobre la tarta.

La tortilla de la madre Poulard
(l'omelette de la mère Poulard)

(para 2-3 personas)

6 huevos
mantequilla
1 cucharada de nata
sal
pimienta

Se separan las yemas de las claras y se baten por separado. En una sartén se funde un buen trozo de mantequilla, se vierten las yemas batidas y se salpimenta. Cuando las yemas comienzan a cuajar se añade la nata y las claras batidas a punto de nieve.

Esta tortilla debe hacerse con fuego muy fuerte, agitando la sartén constantemente.

Cocina francesa

Tricornios de queso
(tricornes fromagés)

(para 6 personas)

250 g de requesón
1/2 camembert tierno
2 huevos enteros
1 yema
harina
mantequilla
calvados
sal
pimienta

Se rasca la corteza del camembert y se machaca junto con el requesón. Se salpimenta la mezcla y se añade un poco de calvados, 2 nueces de mantequilla y los 2 huevos batidos.

La pasta así obtenida debe ser bastante firme. Si le falta consistencia se añade un poco de harina. Se extiende con el rulo de cocina hasta dejarla con un grosor de 5 mm. Se corta en círculos que se doblarán para obtener la forma de tricornio, presionando las esquinas para que mantengan dicha forma.

Los tricornios se bañan en la yema de huevo batida y se cuecen en el horno caliente hasta que estén dorados.

Segundos platos

TABLE OF CONTENTS

Carnes

Callos al estilo de Caen
(tripes à la mode de Caen)

(para 4 personas)

1 mesenterio entero de ternera
4 pies de ternera
2 o 3 trozos de ternera de debajo del codillo
500 g de zanahorias
8 cebollas
10 puerros
grasa de ternera
4 ramas de tomillo fresco
6 hojas de laurel
2 clavos
calvados
sal
pimienta

Corte los callos en trozos y retire el hueso grande de los pies. Póngalos 1 hora en agua. Lávelos bien 2 veces y déjelos escurrir 30 minutos.

En el fondo de un recipiente de barro, disponga los pies y, encima, los callos; luego, las cebollas peladas y picadas, el laurel, el tomillo y un poco de grasa de ternera. Tape herméticamente. Empiece la cocción a fuego fuerte, luego disminuya la intensidad del fuego y deje cocer de 4 a 5 horas. Destape y ponga papel sulfurizado entre la cazuela y la tapadera. Hornéelo lentamente toda una noche.

Con los restos de la ternera, prepare un caldo muy concentrado (con las cebollas, las hierbas aromáticas y las verduras); deje que reduzca bien. Al día siguiente, destape los callos y eche encima las zanahorias cortadas en rodajas y los puerros en trocitos. Tape de nuevo y deje cocer 3 o 4 horas más. Añada 6 cucharaditas de un buen calvados. Vierta los callos en tarros tras retirar los huesecitos de los pies y repartiendo los trozos de forma homogénea. Riegue con el caldo.

Deje enfriar y retire la grasa que hay por encima. Cuando se hayan enfriado por completo, cubra las terrinas con la grasa concentrada para conservar los callos.

Conejo de Cholet
(lapin choletaise)

(para 5-6 personas)

1 conejo pequeño
2 chalotes
2 cebollas
200 ml de nata líquida
75 g de mantequilla
1 limón
sal
pimienta

Se limpia el conejo; se corta en trozos y se seca bien. En una olla se funde la mantequilla y se saltean en ella los trozos de conejo.

Mientras tanto, se limpian los chalotes y las cebollas y se pican finamente. Se añaden al conejo y se salpimenta.

Se cubre la olla y se deja estofar a fuego lento durante 15 minutos. Se destapa y se añade la nata sobre el conejo. Se deja cocer otros 15 minutos con la olla destapada.

Se retira del fuego, se añade el jugo del limón y se sirve de inmediato.

Conejo con miel de Orleáns
(lapin au miel d'Orléans)

(para 6 personas)

1 conejo troceado
2 zanahorias
1 cebolla
1 diente de ajo
2 vasos de vino blanco
2 cucharadas de miel
nata batida
mantequilla
aceite
laurel
tomillo

En una cazuela, caliente mitad mantequilla, mitad aceite. Saltee los trozos de conejo con la zanahoria en rodajas, la cebolla pelada y picada y el ajo triturado. Espolvoree con sal y pimienta. Añada el tomillo y una hoja de laurel. Después, riéguelo con el vino blanco y déjelo cocer a fuego medio, cubierto, durante 40 minutos.

Cuando esté cocido, retire los trozos de conejo de la cazuela y resérvelos en una fuente caliente.

Cuele el caldo de la cocción y déjelo reducir al fuego, pero sin que hierva. Añada la nata batida y la miel.

Vierta las salsa sobre el conejo y sirva de inmediato.

COCINA FRANCESA

Costillas de cerdo al estilo de Arbois
(côtes de porc à l'arboisienne)

(para 6 personas)

4 costillas de cerdo
50 g de mantequilla
1/2 botella de vino blanco
salsa Mornay
queso rallado
sal
pimienta

Salpimente las costillas y saltéelas en una sartén con mantequilla. Colóquelas en una fuente tapada y termine la cocción en el horno.

Retire las costillas de cerdo de la fuente, incorpore el vino y déjelo reducir al fuego lentamente.

Mientras, prepare la salsa Mornay, que es una bechamel a la que se añaden 100 g de queso rallado por cada 500 ml de leche.

En una fuente para gratinar, disponga las costillas de cerdo y cúbralas con el jugo de la cocción reducido; agregue luego la salsa Mornay. Espolvoree con un poco de queso rallado y gratine en el horno.

Cocina francesa

Estofado de ternera al vino tinto
(bœuf bourguignon)

(para 5 personas)

1 kg de codillo
1 rabo de buey
1 l de vino tinto
orujo de Borgoña
100 g de tocino cortado a tiras
2 cebollas
2 zanahorias
2 docenas de cebollas pequeñas
1 diente de ajo
harina
caldo
hierbas aromáticas (laurel, tomillo, perejil...)
sal
pimienta

Corte el codillo a trozos de unos 100 gramos cada uno y el rabo de buey en cuatro. Espolvoréelos con un poco de tomillo y póngalos en un cuenco con un hilo de orujo. Cúbralos con vino tinto y déjelos marinar 2 horas.

Mientras, escalde el tocino en agua hirviendo unos segundos, luego póngalo a dorar en una cazuela; retírelo.

Pele y pique las cebollas. Rasque las zanahorias y córtelas en dados. Saltee ambas en la grasa del tocino. Escurra los trozos de buey, sálelos y sazónelos con pimienta. A continuación, saltéelos en la misma grasa a fuego vivo; cuando los trozos estén dorados de todos los lados, disminuya la intensidad del fuego. Espolvoree con harina y rocíe con la marinada (añadiendo, si es preciso, un poco de vino y un poco de caldo). Lleve a ebullición.

Ponga la carne en otra cazuela y vierta por encima el resto del contenido del primer recipiente colado. Añada las hierbas aromáticas y el ajo pelado y picado. Tape y deje cocer 3 horas. Luego saltee las cebollas pequeñas peladas en la mantequilla; no deben tomar color. Saque los trozos de buey y el tocino y póngalos en una cazuela con las cebollas. Después cuele de nuevo la salsa, déjela reposar y desengrásela. Vuelva a calentarla, a fuego bajo, durante media hora para que se reduzca. Viértala entonces sobre la carne y caliéntela 15 minutos más.

Acompañe este plato con patatas al vapor.

Cocina francesa

Guiso borgoñés
(potée bourguignonne)

(para 6 personas)

1 paleta de cerdo
1 jarrete de cerdo
500 g de tocino
500 g de patatas
1 repollo
6 zanahorias
2 nabos
3 puerros
1 cebolla
2 dientes de ajo
1 clavo
sal
pimienta

Se sancocha la paleta para desalarla y se coloca en una olla con el tocino y el jarrete. Se cubre todo de agua y se pone a cocer durante 2 horas, espumando a menudo. Se añade el repollo, previamente cortado en cuartos y sancochado, y las zanahorias peladas o rascadas. Se salpimenta y se continúa la cocción.

A la media hora se añaden los puerros, los nabos, la cebolla con el clavo pinchado y los ajos. Se deja cocer otras 2 horas.

Aparte se cuecen las patatas y se añaden, en el momento de servir, a las otras verduras. La carne se coloca en el centro.

El caldo, bien sazonado, se vierte en cuencos sobre rebanadas de pan rústico.

Guiso champañés
(potée champenoise)

(para 6 personas)

1 salchicha casera
1 pollo
500 g de tocino
500 g de jamón crudo
250 g de judías blancas
250 g de zanahorias
100 g de nabos
1 col
1 docena de patatas
hierbas aromáticas (laurel, tomillo, perejil...)
1 cebolla picada con clavos
rebanadas de pan
sal
pimienta

Ponga las judías en remojo la noche anterior a la elaboración de la receta.

Escalde el tocino y el jamón en agua hirviendo. Escúrralos y déjelos enfriar.

Ponga las judías en una olla grande con agua fría, lleve a ebullición y espume cuando rompa a hervir. Sazone con pimienta. Añada el tocino y el jamón, la cebolla picada y las hierbas aromáticas, y deje cocer 1 hora a pequeños hervores. Agregue entonces las zanahorias, los nabos y los rábanos pelados. Deje cocer media hora.

A continuación, incorpore la col escaldada y cortada a cuartos, luego el pollo limpio y atado. Deje cocer durante hora y media. Añada por último la salchicha y deje cocer media hora más. Pruebe el caldo y rectifique de sal.

Cueza las patatas aparte con agua salda. Incorpórelas a la olla en los últimos minutos de cocción.

Ponga las rebanadas de pan en una sopera y vierta el caldo por encima. Sirva las verduras en una fuente y la carne en otra.

Jamón de Morvan con salsa picante
(jambon de Morvan au saupiquet)

(para 6 personas)

6 lonchas de jamón serrano (de al menos 5 mm de grueso)
manteca de cerdo
mantequilla
harina
nata líquida
1 vaso de vino blanco
1 vaso de caldo
vinagre de vino blanco
enebro
estragón
10 granos de pimienta

Desale las lonchas de jamón con la leche media hora antes de comenzar la elaboración de la receta. Séquelas. A continuación, saltéelas en una sartén con manteca de cerdo.

En una cazuela aparte, dore un poco de mantequilla con harina. Riegue la mezcla con el vino blanco y el caldo. Añada las lonchas de jamón, algunas bayas de enebro y el estragón lavado, secado y picado; deje cocer 15 minutos.

En otra cazuela, reduzca el vinagre de vino blanco con los granos de pimienta molidos. Vierta luego la salsa anterior por encima y deje cocer, a fuego muy bajo, 15 minutos más.

Ligue esta salsa con algunas cucharadas de nata líquida y pásela por el colador chino.

Por último, viértala sobre las lonchas de jamón.

Morcilla blanca de Mans
(boudin blanc de Mans)

(para 4 personas)

500 g de cerdo magro
1,2 kg de tocino
2 huevos
100 g de cebolla
300 ml de leche
tripa
especias al gusto
perejil
sal
pimienta

Pique finamente el tocino con las cebollas peladas.

Limpie bien la carne de cerdo y píquela finamente. Ponga todo en una cazuela y cuézalo a fuego suave, durante media hora, removiendo constantemente con una cuchara de madera.

Retire del fuego y añada los huevos batidos. Salpimente y sazone al gusto. Agregue el perejil picado e incorpore la leche mientras va removiendo.

Rellene la tripa con esta mezcla, pero sin apretarla. Cuézala durante 20 minutos a pequeños hervores. Déjela enfriar medio día o una noche entera.

Estas morcillas se sirven a la brasa o salteadas en la sartén con manteca de cerdo.

Olla flamenca
(carbonade flamande)

(para 4-5 personas)

700 g de carne grasa de ternera
5 cebollas
2 cucharaditas de azúcar
manteca de cerdo
cerveza
pan rústico
mostaza
hierbas aromáticas (laurel, tomillo, perejil...)
sal
pimienta

En una olla se funde un poco de manteca de cerdo y se doran en ella las cebollas peladas y cortadas en aros. Se remueve hasta que la cebolla esté dorada y se añade la ternera troceada. Cuando esté también dorada la carne, se salpimenta.

Se corta una rebanada de pan larga y delgada. Se elimina la corteza y se unta generosamente con mostaza fuerte. Se añade a la carne y se cubren los ingredientes con cantidades iguales de agua y cerveza. Se incorporan las hierbas aromáticas y se lleva a ebullición. Cuando rompe a hervir, se tapa la olla y se deja cocer 2 horas a fuego muy suave.

Después se retira el manojo de hierbas aromáticas, se añade el azúcar y se deja cocer otros 15 minutos.

Cocina francesa

Paletilla al perejil
(jambon persillé)

(para 8 personas)

2,5 kg de paletilla de cerdo semisalada
1 cebolla
500 ml de vino blanco
150 ml de vinagre
3 dientes de ajo
hierbas aromáticas (laurel, tomillo...)
50 g de perejil
5 clavos
5 granos de pimienta negra

Prepare un caldo con 3 litros de agua, el vino blanco, la cebolla picada, los dientes de ajo pelados y picados, las hierbas aromáticas y la pimienta negra. Ponga el caldo en un recipiente apto para el horno, incorpore la paletilla de cerdo y hornéela 1 hora y 20 minutos.

Pasado este tiempo, escurra la paletilla y corte la carne a trozos. Luego prepare una infusión, durante 15 minutos, con los 50 g de perejil lavado y mezclado con el vinagre.

Ponga en una ensaladera una primera capa de paletilla, luego una capa de perejil con vinagre, y así sucesivamente hasta acabar los ingredientes; termine con el perejil. Tape la fuente con un plato, coloque un peso encima y déjelo reposar unas horas en el frigorífico. Luego desmolde.

Si lo desea, también se puede verter por encima un poco de gelatina, que ser filtrará entre las capas de jamón.

Cocina francesa

Pastel de Pascua de Berry
(pâté de Pâques du Berry)

(para 6 personas)

500 g de masa de hojaldre
6 huevos duros
1 huevo crudo
600 g de cerdo (por ejemplo: mitad ahumado, mitad fresco)
sal
pimienta

opcional:
1 cebolla
1 diente de ajo
perejil
cebolleta

Prepare la masa de hojaldre (o déjela descongelar si es congelada). Con la ayuda de una picadora o un robot de cocina, pique la carne. Añada la cebolla y el ajo pelados y picados, el perejil lavado y secado así como la cebolleta picada. Sazone con sal y pimienta. Mezcle bien.

Después, extienda la masa de hojaldre en forma de rectángulo largo. Corte los huevos duros en dos en sentido longitudinal. Extienda el relleno sobre la mitad de la masa de hojaldre, luego disponga las mitades de huevo duro. Coloque la otra mitad de masa de hojaldre por encima y cierre bien los bordes con la punta de los dedos húmedos.

Bata el huevo crudo y, con la ayuda de un pincel, pinte la parte superior de la masa. Hornéela durante 1 hora aproximadamente a temperatura media y deje enfriar por completo antes de servir.

Pierna de Berry a las siete horas
(gigot berrichon à la sept heures)

(para 6-8 personas)

1 pierna de cordero
100 g de chicharrones
100 g de jamón crudo
3 cebollas
corteza de tocino
vino blanco
1 diente de ajo
tomillo
laurel
sal
pimienta

Meche la pierna de cordero con el ajo, los chicharrones y las lonchas de jamón crudo. Luego cubra el fondo de una olla con la corteza de tocino y coloque la pierna de cordero encima, rodeada de la cebolla cortada en rodajas. Salpimente y riegue con tres vasos de vino blanco y la misma cantidad de agua.

Tape la olla con un plato o una tapadera hondos puesto boca arriba y ciérrela herméticamente con una pasta hecha con harina y agua. Vierta el vino en el plato o tapadera y deje cocer 7 horas, a fuego muy bajo, añadiendo vino de vez en cuando.

Para el acompañamiento, saltee la panceta y las cebollas con manteca de cerdo.

Añada las patatas peladas y cortadas en dados, salpimente, espolvoree con tomillo y laurel, e incorpore un diente de ajo picado. Riegue con caldo y deje cocer a fuego lento.

Cocina francesa

Pierna de cordero a la bretona
(gigot à la bretonne)

(para 6-8 personas)

1 pierna de cordero de 2 kg
1 kg de judías blancas
3 cebollas
1 chalote
2 tomates pequeños
mantequilla
hierbas aromáticas (laurel, tomillo, perejil...)
sal
pimienta

Sumerja las judías en agua salada con la pimienta, las cebollas, los tomates y las hierbas aromáticas y déjelas cocer. Escúrralas cuando estén cocidas. Reserve las cebollas y los tomates enteros.

Pele y pique el chalote.

En una cazuela, funda dos nueces de mantequilla. Añada las cebollas, el chalote y los tomates y cuézalos, a fuego suave, aplastándolos con un tenedor. Eche las judías en este jugo y manténgalo caliente.

Ase la pierna de cordero en el horno (15 minutos por cada medio kilo). Una vez asada, córtela y dispóngala sobre las judías.

Pierna de Yvetot
(gigot d'Yvetot)

(para 6 personas)

1 pierna de cordero de 1,5 kg
6 zanahorias
6 nabos
6 puerros
2 dientes de ajo
2 cebollas pinchadas con clavos
salsa blanca
hierbas aromáticas (laurel, tomillo, perejil...)
calvados
alcaparras
sal
pimienta

En una olla grande llena de agua se cuecen durante 30 minutos el manojo de hierbas aromáticas, las cebollas con clavos y los dientes de ajo. Se salpimenta y se añade una cucharada de calvados.

A continuación se añaden los nabos, las zanahorias y los puerros y se continúa la cocción.

Por último se añade la pierna, que deberá cocerse durante 50 minutos (algo más de 15 minutos por cada medio kilo de pierna).

Se prepara una salsa blanca esponjosa mezclando el jugo de cocción de la carne con abundantes alcaparras.

La pierna se sirve rodeada de las verduras y acompañada de la salsa blanca.

Cocina francesa

Pollo del valle de Auge
(poulet vallée d'Auge)

(para 4-5 personas)

1 pollo grande (cortado en 8 piezas)
200 g de champiñones
225 ml de nata líquida
1 chalote
mantequilla
5 cucharadas soperas de calvados
1/4 de hoja de laurel
tomillo
sal
pimienta

Retire la parte terrosa de los champiñones, límpielos bien con agua corriente y séquelos en un paño; píquelos. A continuación, pele y pique muy fino el chalote. Salpimente los trozos de pollo.

En una sartén, caliente la mantequilla y ponga los trozos de pollo con el tomillo deshojado y el laurel molido. Saltee el pollo «en blanco» a fuego suave durante 15 minutos. Añada entonces los champiñones y el chalote. Deje dorar un poco.

Riegue con el calvados. Seguidamente, flambee levantando los trozos de pollo para que se impregnen bien de alcohol. Agregue la nata líquida y remueva con cuidado. Compruebe la sazón y rectifique si es necesario.

Tape y acabe la cocción de 15 a 20 minutos. Cuando el pollo esté cocido, colóquelo en una fuente y resérvelo caliente.

Si la salsa parece demasiado líquida, redúzcala a fuego vivo y añada un poco de mantequilla con harina. Si, al contrario, la salsa es demasiado consistente, vierta un poco de leche removiendo constantemente.

Acompañe con patatas cocidas al horno.

Cocina francesa

Rabo de buey con castañas
(queue de bœuf en hochepot)

(para 6-8 personas)

1 rabo de buey
1 pie de cerdo
500 g de castañas
corteza de tocino
1 salchicha
6 zanahorias
1 rama de apio
6 cebollas
2 dientes de ajo
vino blanco
caldo
hierbas aromáticas (laurel, tomillo, perejil...)
sal
pimienta

Macere el rabo de buey durante 2 horas en agua fría antes de cortarlo en trozos. Luego ponga los trocitos en agua fría y llévelos a ebullición durante 20 minutos para que se escalden. Escúrralos.

Cubra una gran cazuela con las cortezas de tocino, las zanahorias y las cebollas cortadas en aros. Ponga los trozos de rabo de buey por encima, así como el pie de cerdo cortado en dos. Salpimente. Añada las hierbas, una rama de apio y el ajo pelado y triturado.

Moje con dos vasos de vino blanco. Lleve a ebullición hasta que reduzca casi por completo. Cubra con agua los ingredientes y déjelos cocer, tapados, durante 3 horas, a fuego bajo. Reserve los trozos de rabo en otra cazuela.

Deshuese el pie de cerdo y añada su carne al rabo. Agregue las castañas enteras, escaldadas y peladas. Riéguelos con el caldo de cocción desengrasado. Luego tape y deje cocer a fuego suave durante 1 hora.

Rectifique de sal y pimienta. Añada los trozos grandes de salchicha y deje cocer 10 minutos más antes de servir.

Rollo de ternera
(la falette)

(para 8 personas)

1 pecho de ternera
100 g de tocino graso
corteza de tocino
200 g de carne de ternera
200 g de hojas de acelga
100 g de miga de pan
4 cebollas
3 zanahorias
1 col pequeña
2 huevos
1 vaso de vino blanco
500 ml de caldo
manteca de cerdo
especias
sal
pimienta

Se pican juntos la carne de ternera y el tocino. Se mezcla lo picado con lo verde de las acelgas cortado a tiras, 2 cebollas peladas y picadas, la miga de pan desmenuzada, los huevos batidos, la sal, la pimienta y las especias. Se rellena el pecho con esta masa, se enrolla y se ata.

En una olla se derrite un poco de manteca de cerdo y se incorpora la corteza de tocino y a continuación el rollo. Se coloca alrededor la col cortada en cuartos, las zanahorias y las 2 cebollas restantes peladas y cortadas en rodajas. Se baña todo con el vino blanco y el caldo. Se tapa y se cuece a fuego medio durante 3 horas.

Se retira la carne y se corta en lonchas sobre una fuente caliente. Se disponen las verduras escurridas a su alrededor. Se filtra el caldo de cocción y se elimina la grasa.

Se riega el rollo con el caldo y se acompaña con patatas salteadas (crudas) con manteca y ajo.

Pescados y mariscos

Almejas rellenas
(palourdes farcies)

chirlas, berberechos u otro tipo de almejas (12 por persona)
chalotes
cebolletas
mantequilla fresca salada
pan rallado
perejil
pimienta

En una cacerola con un poco de agua se abren las almejas a fuego fuerte; se elimina una de las conchas y se disponen las otras en una fuente de horno.

Se lavan las cebolletas, los chalotes y el perejil, se secan y se pican. Se remueve todo junto con la mantequilla y se sazona con pimienta.

Se coloca un poco de esta pasta sobre cada almeja, se cubren con pan rallado y se dejan en el horno ya caliente durante 5 minutos.

Barbada con ostras
(barbue cancalaise)

(para 6 personas)

1 barbada de 2 kg
2 docenas de ostras planas
250 ml de vino blanco seco
harina
nata líquida
mantequilla
1 cebolla
1 zanahoria
1 puerro
1 limón
1 diente de ajo
hierbas aromáticas (laurel, tomillo, perejil...)
1 clavo
sal
pimienta

Limpie y prepare el pescado. Ponga la cabeza y los restos en una cazuela con el vino blanco y un poco de agua. Añada la parte blanca del puerro, la zanahoria a trozos, las hierbas aromáticas, el ajo, la cebolla con el clavo pinchado, sal, pimienta y el zumo del limón. Deje cocer todo 45 minutos, luego déjelo enfriar y fíltrelo.

Seguidamente, ponga la barbada en el caldo enfriado y llévela a ebullición. Tape y deje cocer a fuego suave de 12 a 15 minutos. Después escurra el pescado y retírele la piel oscura. Dispóngalo en una fuente de servicio y desbárbelo.

Abra las ostras. Escáldelas durante algunos segundos en su agua previamente filtrada. Prepare una salsa blanca con mantequilla, harina y el agua de cocción del pescado y las ostras. Ligue con nata líquida.

Rodee el pescado con las ostras cocidas y cúbralo con la salsa.

COCINA FRANCESA

Buey de mar relleno
(tourteax farcis)

(para 4 personas)

4 bueyes de mar medianos
1 vaso de arroz de grano largo
2 pimientos dulces marinados
1 cucharada sopera de mostaza fuerte
100 ml de aceite de cacahuete
cebolleta
hierbas aromáticas (perejil, tomillo y laurel)
10 granos de pimienta
una punta de pimienta de Cayena
perejil
sal fina
sal gorda
pimienta molida

Ponga 3 litros de agua en una cazuela con una pizca de sal gorda, la pimienta y las hierbas aromáticas. Lleve a ebullición.

Lave y limpie los bueyes y échelos, cuando todavía estén vivos, en el agua hirviendo. Déjelos cocer unos 10 minutos. Luego deje que se enfríen en el agua de cocción.

Mientras tanto, cueza el arroz: caliente agua con sal en una olla y eche el arroz cuando hierva; remueva y deje cocer de 15 a 20 minutos a fuego medio; escurra el arroz y déjelo enfriar.

Para preparar los bueyes de mar, retíreles con cuidado las pinzas y las patas; vacíe el coral y las partes cremosas en un recipiente aparte; retire toda la carne que se encuentra en el caparazón y las pinzas; deshilache con la ayuda de un tenedor y mezcle con el arroz. Reserve los caparazones.

Escurra los pimientos y córtelos en dados pequeños.

Prepare la salsa: con un tenedor, trabaje el coral y las partes cremosas con la mostaza; la mezcla obtenida debe ser untuosa. Añada pimienta de Cayena (o un poco de tabasco); poco a poco, agregue el aceite, la cebolleta lavada y picada, sal y pimienta.

Para servir, incorpore los dados de pimiento al preparado de arroz y buey de mar. Vierta la salsa y remueva bien. Rellene los caparazones con el preparado y decore con el perejil picado.

Cocina Francesa

Caballa de Fécamp
(filets de maquereaux fécampoise)

(para 4 personas)

3 caballas grandes
2 kg de mejillones
sidra
mantequilla
harina
chalotes
perejil
sal
pimienta

Se limpian las caballas y se preparan en filetes. Se rascan los mejillones y se abren en una cazuela a fuego vivo. Se sacan de sus conchas y se filtra el agua que han soltado.

En una fuente engrasada con mantequilla se colocan los filetes, se cubren con un poco de sidra y se dejan cocer unos minutos a fuego suave.

Se prepara una salsa blanca con la mantequilla, la harina, el agua de los mejillones y el jugo de cocción de las caballas. Esta salsa debe resultar bastante líquida.

En una fuente de horno, se colocan los filetes de caballa, con los mejillones a su alrededor, y se cubre todo con la salsa blanca. Se rocía con perejil picado y se calienta en el horno antes de servir.

Camarones al estilo de Charente
(crevettes grises à la charentaise)

(para 8 personas)

800 g de camarones grandes (también valen gambas o langostinillos)
1/2 vaso de brandy
mantequilla semisalada
pan rústico
sal
pimienta

Se salpimentan los camarones vivos y se echan en una sartén grande puesta al fuego. Se sacude constantemente la sartén durante 4 o 5 minutos. Los camarones deben cocerse de modo uniforme, sin que los caparazones se quemen.

Se añade abundante pimienta, se vierte el brandy y se flambea.

Estos camarones se sirven con rebanadas de pan rústico y mantequilla semisalada.

Camarones a la sidra
(crevettes au cidre)

(para 6 personas)

1 kg de camarones
1 botella de sidra (brut)
mantequilla
pan moreno
sal gorda
pimienta

Se hierve la sidra en una olla tapada con 2 litros de agua. Se añade un puñado de sal gorda y una cucharadita de pimienta molida. Se echan los camarones en la olla y se deja que hiervan durante 5 minutos.

Se escurren los camarones y se sirven calientes con el pan moreno y la mantequilla.

Cangrejos al champaña
(écrevisses à la champenoise)

(para 6 personas)

3 docenas de cangrejos de río
2 cebollas
2 zanahorias
hierbas aromáticas (laurel, tomillo...)
1 diente de ajo
1 botella de champaña «blanc de blancs»
1 clavo
enebro
perejil
sal
pimienta

Prepare un caldo: deje hervir durante 1 hora 1 litro de agua con las cebollas y zanahorias peladas y picadas, las hierbas aromáticas, el diente de ajo pelado y picado, las bayas de enebro, el clavo, sal y pimienta. Al cabo de 1 hora, añada el champaña.

Limpie y escurra los cangrejos. Incorpórelos al caldo en ebullición y deje que hiervan durante 8 minutos.

Deje enfriar los cangrejos en este caldo y sírvalos templados con el caldo; o a la crema, calientes y decorados con perejil.

Cocina francesa

Caracoles de Borgoña
(escargots de Bourgogne)

(para 3-4 personas)

3 docenas de caracoles
300 g de jamón
1 cebolla
1 docena de chalotes
700 ml de vino tinto
hierbas aromáticas (laurel, tomillo, perejil...)
4 clavos
sal
pimienta en grano

salsa:
300 g de mantequilla
1 filete de anchoa
1 diente de ajo
1 chalote
perejil
pimienta de Cayena

Mantenga en ayunas los caracoles y lávelos bien. Escáldelos 6 minutos en agua hirviendo. Luego escúrralos y sáquelos de su cáscara. Lávelos una vez más.

Prepare un fondo con el vino, el doble de agua, las zanahorias, la cebolla y los chalotes pelados y picados, las hierbas aromáticas, la sal, la pimienta y los clavos. Añada la carne de los caracoles y cúbralo todo con las lonchas de jamón. Déjelo cocer lentamente, al baño María, durante 3 horas.

Escurra los caracoles y póngalos de nuevo en su cáscara bien lavada y seca.

Mezcle la mantequilla con un poco de ajo, el chalote y el perejil picados, y el filete de anchoa también triturado. Salpimente si es necesario. Trabaje bien la salsa y rellene cada caracol con ella.

Gratínelos en el horno y sírvalos inmediatamente.

Lucio a la mantequilla blanca
(brochet au beurre blanc)

(para 4 personas)

1 lucio grande
4 chalotes grises
150 g de mantequilla semisalada
200 ml de vinagre de vino blanco

caldo:
zanahorias
cebollas
vino blanco seco
hierbas aromáticas (laurel, tomillo, perejil...)
sal
pimienta en grano

Prepare el caldo con tanta agua como vino blanco, las zanahorias peladas y cortadas en rodajas, las cebollas peladas y picadas, las hierbas aromáticas, la sal y la pimienta en grano. Lleve a ebullición y deje cocer media hora. Cuando el caldo esté templado páselo por el colador.

Mientras, limpie el pescado sin quitarle las escamas ni lavarlo (para conservar el limo que lo envuelve) y póngalo en una cazuela.

Vierta el caldo sobre el lucio y déjelo hervir hasta que esté cocido, pero aún firme (muy importante).

Entretanto, prepare la mantequilla blanca: pique muy finamente los chalotes y póngalos en una cazuela con el vinagre. Deje reducir a fuego fuerte hasta que el líquido haya disminuido a tres cuartos. Manténgalo caliente al baño María. Incorpore la mantequilla reblandecida, en trocitos, sin dejar de remover; la mantequilla se transformará en una crema espumosa. Salpimente y sírvala en una salsera aparte. Disponga el lucio escurrido en una fuente caliente.

También se puede ligar el vinagre reducido con una punta de fécula o incorporar, en el último momento, un poco de mantequilla mezclada con harina; ya no será la verdadera mantequilla blanca, pero es más fácil de preparar.

Cocina francesa

Mejillones con vino y nata
(mouclade)

(para 6 personas)

2 kg de mejillones
100 ml de nata líquida
3 yemas de huevo
hierbas aromáticas (laurel, tomillo, perejil...)
4 cebollas
vino blanco seco
mantequilla
1/2 cucharadita de curry*
pimienta

Lave y raspe bien los mejillones. Póngalos en una cazuela, en pequeñas cantidades, con las hierbas aromáticas y el vino blanco para que se abran. Retire la valva superior de cada mejillón y conserve sólo la que lo contiene. Manténgalos calientes en una cazuela con tapadera.

Filtre el agua de los mejillones. Después, rehogue a fuego muy bajo las cebollas, peladas y picadas, en un poco de mantequilla. Cuando estén transparentes, añada la mitad del agua de los mejillones y déjela reducir, a fuego bajo, durante media hora.

Pruebe los mejillones ya que, según las temporadas, son más o menos salados. Salpimente a gusto.

Fuera del fuego, ligue la salsa con la nata líquida, las yemas de huevo, una nuez de mantequilla y el curry. Vuelva a ponerla al fuego, muy bajo, sin dejar que hierva.

Cubra los mejillones con esta salsa y mezcle bien. Sirva muy caliente.

---

* La presencia de curry se explica porque La Rochelle, lugar originario de la receta, fue uno de los primeros puertos importantes de especias del país.

Cocina francesa

Pez espada a la salsa barbacoa
(espadon à la sauce barbecue)

(para 4 personas)

4 filetes de pez espada
2 limones
200 ml de aceite
orégano en polvo
1 cucharada de perejil picado
sal
pimienta

Se colocan los filetes de pez espada en la parrilla. Mientras se cuecen, se bate un chorrito de aceite, el jugo de los limones, medio vaso de agua caliente, el perejil, un buen pellizco de orégano y un poco de sal y de pimienta. Se coloca el pescado en una fuente, se vierte la salsa por encima y se sirve enseguida.

Rubio con aceitunas
(rouget grondin aux olives)

(para 4 personas)

1 rubio de unos 600 g
200 g de tomates cherry
50 g de aceitunas negras
1 diente de ajo
aceite de oliva
vinagre
perejil
sal
pimienta

Se limpia el pescado, se lava y se seca. Se salpimenta por dentro y por fuera y se coloca en una fuente engrasada con los tomates cortados en dos, las aceitunas, un buen puñado de perejil picado y el diente de ajo también picado. Se riega todo con aceite de oliva y se introduce en el horno, donde se cocerá durante 10 minutos. Por último se gratina 5 minutos y se sirve.

Salmonetes a la sal
(rougets au gros sel)

(para 3 personas)

6 salmonetes grandes
sal gorda

Se limpian por dentro y por fuera los salmonetes, se envuelven en sal gorda y en un papel vegetal engrasado. Se ponen en la parrilla y, cuando están cocidos, se retira el papel y se sirven; aparte se sirven la mantequilla fundida y unas patatas cocidas o asadas con su piel.

Trozos de bacalao con pimientos
(morceaux de morue aux poivrons)

800 g de bacalao fresco
100 g de harina
4 tomates pelados
4 pimientos rojos y amarillos
1 cebolla
1 guindilla
vino blanco seco
perejil
albahaca
aceite de oliva
sal
pimienta

Lave y seque el bacalao; córtelo en trocitos y enharínelos. Pique la cebolla y saltéela en aceite con la guindilla cortada en trozos. Riegue con el vino blanco y añada los tomates picados. Salpimente. Tape el recipiente y deje cocer durante 20 minutos.

Tras retirar las semillas y los filamentos interiores de los pimientos, córtelos en tiras y añádalos al bacalao junto con la albahaca y el perejil picados y deje que hierva todo unos 4 minutos para que la salsa espese. Para decorar el plato use unas ramitas de albahaca y perejil.

Cocina francesa

Vieiras a la bretona
(coquilles Saint-Jacques à la bretonne)

(para 5-6 personas)

2 docenas de vieiras
3 cebollas
3 chalotes
mantequilla
un vaso de vino blanco
miga de pan
leche
pan rallado
sal
pimienta

Ponga las vieiras en un cazo, a fuego fuerte, para que se abran. Desenganche la nuez y su coral. Con las tijeras, quíteles la bolsa negra y lave las vieiras con agua abundante.

En una sartén con un poco de mantequilla, rehogue las cebollas y los chalotes pelados y picados, unos minutos, sin dejar que lleguen a dorarse. Añada un vaso de vino y 3 cucharadas de miga de pan mojada en leche.

Seguidamente, incorpore las vieiras y deje cocer 8 minutos a fuego bajo.

Unte una fuente ligeramente con mantequilla, eche en ella las vieiras, salpiméntelas, espolvoree pan rallado por encima y gratínelas en el horno.

Postres

Dulces

Albaricoques sorpresa
(abricots surprise)

(para 6 personas)

6 medios albaricoques en almíbar
300 g de requesón
150 g de azúcar
3 macarrones duros molidos (o almendras molidas)
2 docenas de bizcochos de soletilla
1/2 bote de mermelada de albaricoque

almíbar:
100 g de azúcar
4 cucharadas soperas de agua
3 cucharadas soperas de Kirsch

Prepare el almíbar empezando por hervir el agua con el azúcar durante 8 minutos, después añada el Kirsch, fuera del fuego; deje enfriar.

Unte los bizcochos con mermelada de albaricoque y péguelos de dos en dos. Sumérjalos en el almíbar frío y colóquelos en el fondo de una fuente grande, o en 6 platos redondos, cubriendo bien toda la superficie. Mezcle el requesón con el azúcar y extiéndalo en capas regulares sobre los bizcochos con una cuchara (el queso simulará una clara de huevo).

Escurra bien los medios albaricoques y deposítelos uniformemente sobre el requesón, con la parte abombada hacia arriba, de forma que parezcan las yemas. Espolvoree los macarrones (o las almendras) alrededor de los albaricoques para imitar la mantequilla o la pimienta. Sirva muy frío.

Cocina francesa

Bavaresa de castaña
(bavarois aux marrons)

(para 6-8 personas)

1 bote de crema de castañas dulce
6-8 marrons glacés (castañas confitadas)
1/2 vaso de ron
250 ml de nata
3 yemas de huevo
250 ml de leche
40 g de azúcar en polvo (o 30 g de azúcar y una bolsita de azúcar avainillado)
4 hojas de gelatina

Prepare una crema inglesa con la leche, el azúcar y las yemas de huevo. Sumerja las hojas de gelatina en un poco de agua fría para que se ablanden, escúrralas y añádalas a la crema inglesa caliente. Remueva bien para que se disuelvan.

Agregue luego la crema de castañas. Deje enfriar, si es posible sobre hielo, para que la mezcla se vuelva espesa.

Cuando esta crema empiece a cuajar, incorpore el ron y la nata, así como la mitad de los *marrons glacés* a trocitos. Después vierta la mezcla en un molde ligeramente untado con aceite, apriete bien y consérvelo, al menos 6 horas, en el frigorífico.

Desmolde sumergiendo el recipiente unos instantes en agua caliente.

Decore con los restos de *marrons glacés* enteros o cortados en dos.

Bavaresa de frambuesa
(bavarois aux framboises)

(para 8 personas)

500 g de frambuesas
500 g de requesón
150 ml de nata líquida
300 g de azúcar glas
10 hojas de gelatina
el zumo de 1 limón

Triture las frambuesas hasta obtener un puré, viértalo en una ensaladera y añada el azúcar glas; mezcle bien para que el azúcar no forme grumos.

Exprima el zumo del limón en una cazuela y funda en él la gelatina a fuego muy suave. Deje que se enfríe.

Cuando la gelatina esté templada, vierta las frambuesas en la cazuela.

Bata el requesón con la nata líquida y mézclelo con el puré de frambuesas; bata bien. Viértalo en un molde de bavaresa (o de carlota). Déjelo cuajar, al menos 4 horas, en el frigorífico.

Desmolde sumergiendo el recipiente en agua caliente. Sirva muy frío. Puede realizarse esta misma receta con fresas.

Cocina francesa

Carlota al limón
(charlotte au citron)

(para 6 personas)

30 bizcochos de soletilla
4 limones
400 g de azúcar
750 ml de leche
40 g de fécula
6 huevos
50 ml de ron

Ralle la piel de 2 limones y exprímalos luego; corte los otros dos en finas rodajas. Ponga la mitad del azúcar en una cazuela con 50 ml de agua, llévela a ebullición y déjela cocer 10 minutos. Entonces, eche las rodajas de limón en este almíbar hirviendo y cuézalas 8 minutos aproximadamente; escúrralas y resérvelas calientes.

Añada a este almíbar de cocción de los limones el ron y el zumo de limón; mezcle y deje enfriar.

Después, prepare la crema al limón. Separe las claras de los huevos de las yemas. Trabaje las yemas con el resto del azúcar hasta que la mezcla se vuelva blanca. Añada la ralladura de los limones y la fécula. Remueva. Lleve a ebullición la leche y déjela luego enfriar un poco; mézclela con la preparación anterior.

Ponga el cazo de nuevo al fuego para que espese un poco mientras remueve. Incorpore el resto de zumo de limón y deje enfriar.

En el almíbar enfriado, moje rápidamente los bizcochos y forre con ellos el fondo y los bordes de un molde de carlota. Vierta una parte de la crema al limón y algunas rodajas de limón confitado. Cubra con una capa de bizcochos impregnados y prosiga así hasta que acabe los ingredientes. Termine con una capa de bizcochos. Apriete bien y ponga un plato y un peso encima.

Por último, deje en el frigorífico unas horas antes de desmoldar y servir. Decore con las últimas rodajas de limón.

Cocina francesa

Carlota de melocotón
(charlotte aux pêches)

(para 4 personas)

800 g de melocotones
500 g de requesón (40 % de materia grasa)
100 g de almendras molidas
80 g de azúcar de sémola
50 g de mantequilla
3 cucharadas soperas de licor de fresas
1 bolsa de bizcochos de soletilla

Escalde los melocotones 1 minuto, páselos por agua fría y pélelos. Retíreles los huesos y córtelos en cuartos.

Luego, con un tenedor, trabaje la mantequilla con el azúcar hasta formar una masa uniforme; seguidamente, añada el requesón y las almendras molidas. Mézclelo con los melocotones.

Moje los bizcochos con un poco de licor de fresas y forre con ellos las paredes de un molde untado con mantequilla. Rellénelo con el preparado de requesón y melocotón.

Resérvelo frío toda la noche. Desmolde y sirva acompañado por un jarabe de frutas rojas.

Carlota de peras
(charlotte aux poires)

(para 6 personas)

24 bizcochos de soletilla
1 lata pequeña de peras en almíbar
3 huevos
750 ml de leche
2 hojas de gelatina
75 g de azúcar de sémola
1 vaina de vainilla
jarabe de grosella negra o de frambuesa

Separe las claras de las yemas de los huevos. Prepare una crema inglesa con 2 yemas, la leche, el azúcar y la vainilla. Añada luego la gelatina, previamente reblandecida en agua fría y escurrida. Remueva para que la gelatina se disuelva bien. Deje enfriar.

Escurra bien las peras y reserve el almíbar. Luego monte las claras de los huevos a punto de nieve e incorpórelas delicadamente a la crema inglesa.

Moje los bizcochos en el almíbar y cubra con ellos el fondo y las paredes de un molde de carlota (o una cazuela). Incorpore algunos trozos de pera, luego un poco de crema, luego el resto de peras y la crema. Acabe con una capa de bizcochos mojados. Coloque encima un plato y un peso y déjelo en el frigorífico durante 6 horas.

Desmolde y sirva con un jarabe de grosella negra o de frambuesa.

Se pueden sustituir los bizcochos por un *brioche* cilíndrico. Basta con abrirlo, vaciarlo de un lado y rellenarlo con la crema y las peras. Tápelo con la otra mitad y consérvelo en el frigorífico. Para servir este *brioche*, córtelo en rebanadas.

Compota de manzanas crudas
(compote de pommes crues)

(para 4-6 personas)

500 g de manzanas peladas
100 g de azúcar en polvo
el zumo de 1 limón

Corte las manzanas en octavos, retire los corazones y las pepitas y triture la pulpa con el azúcar y el zumo de limón.

Mantenga la compota en frío hasta el momento de servirla en un gran cuenco de cristal o en copas individuales.

Compota merengada de manzanas
(compote de pommes meringuée)

(para 6 personas)

1 kg de compota de manzana (en conserva)
1 pizca de canela en polvo
3 claras de huevo
50 g de azúcar glas
mantequilla

Unte con mantequilla una fuente para gratinar y vierta en ella la compota de manzana aromatizada con la canela.

Monte las claras de huevo a punto de nieve e incorpore, poco a poco, el azúcar glas.

Extienda este merengue sobre la compota. Introdúzcala en el horno, muy caliente, de 3 a 5 minutos. Detenga la cocción cuando el merengue esté dorado.

Sirva templado o frío, con galletas o bizcochos.

Cocina francesa

Compota de septiembre
(compote de septembre)

(para 6 personas)

400 g de ciruelas amarillas pequeñas
300 g de ciruelas claudias
5 melocotones
2 peras grandes
300 g de azúcar
500 ml de agua
1 vaina de vainilla
3 cucharadas soperas de kirsch
limón

Lave y limpie las ciruelas; retire los huesos con la ayuda de la punta de un cuchillo. Hierva 250 ml de agua con 125 g de azúcar; disminuya la intensidad del fuego cuando el almíbar hierva.

Escalde las ciruelas en pequeñas cantidades, retirándolas con una espumadera; depósitelas en un cuenco. De las frutas más aplastadas, reserve 10. Cuézalas a fuego fuerte 5 o 6 minutos en el almíbar. Pase todo por el colador chino con la ayuda de una cuchara de madera. Añada el kirsch al almíbar y viértalo sobre las frutas.

Eche el resto del azúcar en 250 ml de agua caliente, hiérvala 2 minutos y añada la vainilla; tápela.

Seguidamente, corte las peras en dos, retíreles el corazón y las pepitas. Rocíelas con limón y cuézalas de 7 a 8 minutos en el almíbar hirviendo. Añada las peras a las ciruelas.

Después, pele los melocotones, córtelos en dos y retire los huesos. Póngalos 4 minutos en el almíbar cuando empiece a hervir. Añádalos a la otra fruta.

Por último, reduzca el almíbar a fuego fuerte y viértalo sobre las frutas cuando espese. Sirva muy frío.

Corona de manzanas cocidas
(couronne de pommes cuites)

(para 8 personas)

1,5 kg de manzanas (golden smith)
450 g de azúcar
1 limón
1 nuez de mantequilla

crema inglesa:
3 yemas de huevo
250 ml de leche
75 g de azúcar
1 vaina de vainilla

Necesitará un molde con revestimiento antiadherente, que no sea de aluminio, pues daría un color grisáceo a las manzanas.

La víspera, pele las manzanas, córtelas en cuartos, retire los corazones y corte los cuartos en tres trozos.

En una sartén, ponga el azúcar con 100 ml de agua. Añada el zumo de medio limón. Caliéntelo, a fuego lento, removiendo con una cuchara de madera. Llévelo a ebullición, ponga los trozos de manzana en este almíbar y déjelos cocer 45 minutos, a pequeños hervores, removiendo de vez en cuando; las manzanas deben estar ligeramente caramelizadas al final de la cocción, si no, aumente la intensidad del fuego unos instantes.

Unte con mantequilla el molde antiadherente y disponga en él los trozos de manzana; apriételos bien para que no queden huecos. Deje enfriar y ponga el molde en el frigorífico un día entero.

Por último, prepare la crema inglesa mezclando todos los ingredientes indicados. Puede servirse templada o fría.

Desmolde la corona de manzanas en una fuente de servicio redonda (un poco honda) y vierta en el centro la crema inglesa.

Cocina francesa

Crema espumosa de frambuesa
(crème mousseuse aux framboises)

(para 4 personas)

500 g de frambuesas
175 g de azúcar de sémola
500 ml + 3 cucharadas soperas de leche
5 huevos
100 ml de nata líquida
3 hojas de gelatina
2 cucharadas soperas de azúcar glas
20 g de mantequilla

Ponga a calentar el medio litro de leche en un cazo. Separe las claras de las yemas de huevo y mézclelas con 125 g de azúcar de sémola hasta obtener una mezcla blanca y espumosa; luego dilúyala cuidadosamente con la leche caliente y déjela espesar, a fuego suave, evitando la ebullición.

Reblandezca la gelatina en un poco de agua fría e incorpórela a la crema anterior, aún caliente, para que se derrita.

Triture la mitad de las frambuesas hasta obtener un puré y añádalo también a la crema anterior. Deje templar.

Bata la nata líquida (muy fría) con las 3 cucharadas soperas de leche también muy fría y el azúcar glas para obtener un chantillí. Cuando la crema de frambuesa empiece a cuajar, al enfriarse, añada con delicadeza el chantillí.

Unte con mantequilla un molde de carlota y vierta en él la espuma; déjela cuajar, de 4 a 6 horas, en el frigorífico.

Desmolde antes de servir, decore con las frambuesas enteras y espolvoree con el resto del azúcar.

Crema inglesa
(crème anglaise)

Receta base para todos los postres

6 yemas de huevo por 500 ml de leche
80-100 g de azúcar de sémola
1 vaina de vainilla

Hierva la leche con la vainilla. Cuando la leche empiece a subir, retírela del fuego y tápela para dejar que se forme una infusión con la vainilla, durante unos 10 minutos.

Durante este tiempo, bata las yemas de los huevos con el azúcar hasta que la mezcla se vuelva espumosa. Vierta entonces la leche caliente (tras retirar la vainilla y reservarla para otro preparado) sobre las yemas de los huevos batiendo con energía. Incorpore todo el preparado en el cazo que haya servido para la leche y déjelo cocer, a fuego muy suave para que espese, sin dejar de remover. La crema está lista cuando se pega, es decir, cuando cubre el lado abombado de una cuchara.

Cuando vaya a hervir, retire el cazo del fuego sin dejar de remover y coloque el fondo en el fregadero con agua muy fría. Remueva hasta que la crema ya no corra el riesgo de cuajarse (se dice que se cuaja cuando la yema de huevo forma filamentos que se separan de la leche).

Si la crema ha cuajado, ¿cómo recuperarla? Si no lo consigue pasándola por la batidora a una velocidad rápida, vierta un poco de crema en una botella. Tape y sacuda con energía. Proceda por pequeñas cantidades para que el tapón no salte por efecto del calor.

La crema inglesa no presenta ningún secreto particular, salvo respetar una cantidad suficiente de yemas. Media cucharadita de maicena le puede, quizás, ahorrar una yema de huevo.

La duquesa de Sarlat
(la duchesse de Sarlat)

(para 6 personas)

24 bizcochos de soletilla
150 g de nueces
150 g de azúcar
150 g de mantequilla

crema pastelera:
3 yemas de huevo
75 g de azúcar
20 g de harina
330 ml de leche
1 vaina de vainilla

glaseado:
5 cucharadas soperas de azúcar glas
1 cucharada sopera de café frío
1 cucharada sopera de licor de nueces

Muela las nueces. Trabaje la mantequilla, el azúcar y las nueces molidas hasta formar una crema muy lisa y untuosa.

Luego prepare una crema pastelera mezclando las yemas de huevo con el azúcar, y después la harina; vierta entonces la leche caliente avainillada por encima, diluyéndola. Déjala espesar a fuego suave y retírela del fuego cuando empiece a hervir. Añada la crema de nueces.

Seguidamente forre el fondo y los bordes de un molde con los bizcochos. Vierta la crema en el centro y cúbrala con una capa de bizcochos. Apriételos con un plato y un peso, déjelo 24 horas en el frigorífico y desmolde.

Rocíelo con la mezcla de azúcar glas diluido en café y licor de nueces.

Cocina francesa

Dulce de castañas
(entremets aux marrons)

(para 6 personas)

1 kg de castañas
1 cucharada sopera de cacao amargo
2 cucharadas soperas de chocolate rallado
100 g de mantequilla
100 g de azúcar en polvo
1 terrón de azúcar
1 rama de apio

Lave las castañas y hágales una incisión, con la punta de un cuchillo, en la cáscara sin tocar la película de debajo. Póngalas en una cazuela y cúbralas con agua fría. Llévelas a ebullición sin dejarlas hervir más de 1 minuto. Retire la cazuela del fuego y pele las castañas: las dos pieles se retirarán juntas. Evite sacar más de dos o tres castañas cada vez para que no se enfríen.

A medida que estén peladas, póngalas en otro cazo y cúbralas con agua. Añada el terrón de azúcar y el apio finamente picado. Llévelas a ebullición y déjelas cocer muy lentamente durante 45 minutos.

Cuando las castañas estén cocidas, páselas por un pasapurés. Añada progresivamente la mantequilla. Incorpore, para terminar, el azúcar en polvo y el cacao; mezcle bien todos los ingredientes.

Vierta la crema en una fuente honda, espolvoréela con chocolate rallado y manténgala en el frigorífico hasta el momento de servir.

Espuma de frambuesa
(mousse aux framboises)

(para 6 personas)

300 g de frambuesas
150 ml de vino tinto
6 huevos
250 g de azúcar en polvo
1 cucharada sopera de licor o de aguardiente de frambuesa
3 cucharadas soperas de nata
1 pizca de sal

Limpie las frambuesas sin lavarlas, enrollándolas en un paño rugoso. Póngalas después en un paño fino y prénselas para extraerles el zumo; la operación será más rápida en la batidora, pero luego será preciso filtrar el puré. Mezcle este zumo con el vino.

Separe las claras de las yemas de los huevos. Trabaje las yemas y 150 g de azúcar hasta que la mezcla sea espumosa y dilúyala después con el zumo de frambuesa. Vierta esta mezcla en un cazo y espésela, a fuego lento, removiendo y evitando la ebullición.

Cuando la crema cuaje, detenga la cocción y siga removiendo con energía. Añada el licor y deje enfriar. Incorpore la nata a la crema ya fría y consérvela en el frigorífico.

Justo antes de servir, monte las claras de huevo a punto de nieve con una pizca de sal. Incorpore poco a poco el resto del azúcar cuando las claras empiecen a montarse y se vuelvan blancas.

Mezcle con cuidado las claras con la crema de frambuesa y repártala en las copas para servir.

Espuma de manzanas a la normanda
(mousse de pommes à la normande)

(para 6 personas)

1 kg de manzanas (reineta)
5 claras de huevo
300 g de azúcar de sémola
1 pizca de canela
500 ml de nata líquida
1 vaso de calvados

Pele las manzanas y retíreles el corazón y las pepitas; córtelas en trozos. Póngalas en una cazuela grande con 125 g de azúcar, la canela y unas cucharadas de agua. Deje cocer tapado, a fuego suave, unos 45 minutos, y después reduzca las manzanas a puré. Póngalas de nuevo al fuego unos minutos sin dejar de remover con una cuchara de madera. Deje que se enfríe la compota e introdúzcala en el frigorífico durante 1 hora. Monte las claras a punto de nieve e incorpore con delicadeza 125 g de azúcar. Conserve esta espuma en el frigorífico. Unos minutos antes de servir, lleve la nata líquida a ebullición con el resto del azúcar y añada el calvados. Sirva esta crema muy caliente acompañando la espuma de manzanas muy fría.

Gratinado de frutas rojas
(gratin de fruits rouges)

(para 4 personas)

250 g de fresas
250 g de frambuesas (o cerezas, o frutas del bosque)
6 yemas de huevo
200 ml de leche
100 ml de nata líquida
150 g de azúcar en polvo
1 bolsa de azúcar avainillado

Lave y seque las frutas y retire los rabos. Repártalas en copas individuales para horno ligeramente untadas con mantequilla. Mezcle las yemas de huevo con los azúcares y vierta encima la leche hirviendo. Llévelo al fuego, déjelo espesar sin que hierva y añada la nata líquida. Cubra las frutas con la crema y gratínelas en el horno muy caliente de 2 a 4 minutos, de manera que la parte superior se dore dejando la fruta cruda. Sirva de inmediato.

Cocina francesa

Gratinado merengado de pera
(gratin meringué aux poires)

(para 4-6 personas)

6 peras
el zumo de 1/2 limón
50 g de almendras picadas
3 cucharadas soperas de confitura de albaricoque
150 g de azúcar de sémola
100 g de azúcar glas
3 claras de huevo
1 pizca de sal

Prepare un almíbar: vierta tres cucharadas soperas de agua en una cazuela con el azúcar de sémola y una cucharadita de zumo de limón; lleve a ebullición y deje cocer 5 minutos.

Pele las peras, córtelas en cuartos y retire las pepitas. Sumerja los trozos en el almíbar muy caliente y déjelos cocer hasta que se vuelvan translúcidos; escúrralos entonces con cuidado.

Añada la confitura de albaricoque al almíbar y remueva; deje espesar a fuego suave.

Unte con mantequilla un molde y disponga en él los trozos de pera. Cúbralos con el almíbar. Caliente el horno a temperatura media.

Monte las claras de huevo a punto de nieve muy firme y, cuando empiecen a espumar, incorpore poco a poco, sin dejar de batir, el azúcar glas y la pizca de sal. Cubra las peras con el merengue y espolvoree con las almendras. Hornee, para que se dore, 10 minutos. Sirva templado.

Cocina francesa

Huevos con leche y caramelo
(œufs au lait au caramel)

(para 6 personas)

6-8 huevos enteros (según el tamaño)
100 g de azúcar (para el caramelo)
150 g de azúcar en polvo o terrones
1 vaina de vainilla
1 l de leche

Prepare un caramelo con los 100 g de azúcar y viértalo en recipientes individuales moviéndolos de forma que el caramelo se reparta bien por el fondo y las paredes.

Hierva la leche azucarada y avainillada. Al primer hervor, retire del fuego, tape y deje en infusión.

Bata los huevos en una gran ensaladera, vierta la leche caliente por encima (tras retirar la vaina de vainilla) batiendo con energía. Póngalo todo en los recipientes individuales, colóquelos en el horno sobre un recipiente con agua y déjelos cocer al baño María de 30 a 45 minutos a fuego medio.

Desmolde y sirva estos huevos de leche templados o fríos.

Pueden prepararse también sin caramelo; en ese caso, no los desmolde, sírvalos en su recipiente de cocción.

Cocina francesa

Huevos de nieve
(œufs à la neige)

(para 4-6 personas)

6 huevos
80 g de azúcar glas
500 ml de leche
1 vaina de vainilla
100 g de azúcar de sémola
caramelo preparado con 50 g de azúcar de sémola
1 puñado de almendras troceadas tostadas

Separe las yemas de las claras de los huevos. Prepare una crema inglesa con las yemas, la leche, el azúcar de sémola y la vainilla.

Bata los huevos a punto de nieve. Poco a poco, cuando las claras empiecen a montar, añada el azúcar glas.

Ponga una gran cazuela con agua al fuego y cuando el agua empiece a hervir incorpore, con la ayuda de una cuchara sopera, una pequeña cantidad de clara de huevo.

Cueza esta clara durante 1 minuto dándole la vuelta a media cocción. A continuación escúrrala con una espumadera y deposítela sobre un paño o papel absorbente.

Continúe de la misma forma con el resto de la clara montada hasta que se acabe. Deje enfriar.

Seguidamente, ponga las claras cocidas en una copa, en forma de pirámide; luego vierta con delicadeza la crema inglesa alrededor.

A continuación, vierta el caramelo formando hilitos y espolvoree con las almendras tostadas.

COCINA FRANCESA

La isla flotante de Mamie Jeanne
(l'île flottante de Mamie Jeanne)

(para 4-6 personas)

6 huevos
60 g de azúcar glas
150 g de azúcar de sémola
500 ml de leche
1 vaina de vainilla
125 g de almendras garrapiñadas

Casque los huevos y separe las claras de las yemas. Reserve las yemas para realizar la crema inglesa.

Monte las claras a punto de nieve con una pizca de sal e incorpore el azúcar glas cuando las claras empiecen a montar. Añada con cuidado, levantando la masa, 100 g de almendras garrapiñadas picadas en un mortero, un molinillo de café o un robot de cocina); con ello se obtiene un merengue de color beige rosado.

En un molde de carlota, prepare un caramelo con 50 g de azúcar de sémola, fundiéndolo lentamente hasta que adquiera color bronce. Agite el molde de forma que se caramelicen los bordes y el fondo. Vierta entonces las claras con almendras, dándole una forma abombada con la ayuda de una cuchara. Coloque el molde al baño María y deje cocer el merengue 45 minutos a fuego medio.

Prepare entretanto una crema inglesa con el resto de los ingredientes.

Cuando la isla flotante se haya enfriado, desmolde de la siguiente manera: sumerja el molde en agua caliente (para que el caramelo se funda un poco) y desenganche la isla con la ayuda de un cuchillo.

Viértalo en una copa y rodéelo con crema inglesa fría; por último, espolvoree con el resto de almendras garrapiñadas picadas.

Cocina francesa

Pan de especias de Reims
(pain d'épices de Reims)

(para 8 personas)

1 kg de harina de centeno
4 yemas de huevo
750 ml de miel líquida
100 g de almendras dulces
150 g de corteza de naranja y limón confitados
10 g de especias variadas
1/2 cucharadita de anís verde en polvo
10 gotas de esencia de limón
15 g de bicarbonato sódico
leche

En un cuenco se mezclan bien la harina, las almendras picadas, las cortezas confitadas cortadas en daditos, las especias, el anís verde y la esencia de limón.

Se calienta la miel en una cacerola a fuego lento y cuando hierve se vierte en el cuenco, incorporándola poco a poco y removiendo con una espátula. La pasta debe resultar muy elástica; si no es así, se corta en trozos y se pasa un momento por el horno.

Se extiende la masa en una tabla de madera y se parte en trozos. Cada trozo se introduce en un molde de madera rectangular y sin fondo, de unos 4 cm de ancho. En un molde grande de madera, también sin fondo, se colocan los cubos de pasta moldeada, uno contra el otro. Se coloca este molde sobre una placa engrasada y enharinada.

Se cuece al horno suave hora y media, sin abrir el horno durante la primera media hora de cocción.

Al sacar el pan de especias del horno se pasa un pincel mojado en leche y se deja enfriar en el molde.

Se decora con frutas confitadas.

Pastel de cerezas
(clafoutis)

(para 4-6 personas)

500-1.000 g de cerezas (o ciruelas, peras, uvas...)
3 huevos
3 cucharadas soperas de harina
3 cucharadas soperas de alcohol (ron, kirsch, licor de ciruela)
1 vaso de leche templada
6 cucharadas soperas de azúcar en polvo
mantequilla
sal

Lave y escurra las cerezas, y quíteles el rabillo. En un cuenco ponga la harina en forma de volcán y diluya en él los huevos enteros, una pizca de sal, el azúcar y el alcohol. Mezcle bien con la leche; deberá obtener una masa untuosa, bastante líquida y sin grumos.

Unte con mantequilla una fuente redonda para gratinar y disponga en ella las frutas. Vierta la masa por encima sin llenar del todo la fuente, ya que la masa se hinchará.

Póngala en el horno caliente (termostato a 180 °C) durante 20-25 minutos.

Retire la fuente del horno y espolvoree con azúcar. Vuelva a introducirla en el horno caliente, apagado, y déjela templar así.

Sirva templado.

Cocina francesa

Peras con higos de Bourdaloue
(poires aux figues Bourdaloue)

(para 6 personas)

3 peras grandes
6 higos frescos
6 macarrones desmenuzados
almendras picadas
15 terrones de azúcar

crema pastelera:
500 ml de leche
200 g de azúcar
50 g de harina
1 nuez de mantequilla
kirsch

Disuelva los terrones de azúcar en 1 litro de agua y hiérvala unos minutos.

Pele con cuidado las peras y córtelas en dos; vacíe el centro. Sumérjalas en el almíbar hirviendo y déjelas cocer hasta que se vuelvan transparentes. Retírelas con una espumadera.

A continuación, pele los higos y escáldelos también en el almíbar de 5 a 10 minutos; escúrralos. Reduzca el almíbar aumentando la intensidad del fuego.

Seguidamente, prepare la crema pastelera: lleve la leche a ebullición; mezcle en un cuenco las yemas de huevo y el azúcar hasta que la mezcla se vuelva blanca y espumosa; incorpore la harina, mézclela y dilúyala con la leche hirviendo, removiendo constantemente. Llévela de nuevo al fuego, sin dejar de remover; déjela hervir unos minutos; fuera del fuego, añada la mantequilla y después el kirsch; deje enfriar sin olvidarse de remover de vez en cuando.

Vierta la crema pastelera en un recipiente para compota y reparta los macarrones ligeramente desmenuzados encima. Disponga las medias peras con la parte abombada hacia abajo. Ponga un higo encima de cada pera. Espolvoree con almendras picadas y sirva muy frío.

Empanada de almendras
(pithiviers)

(para 6 personas)

500 g de masa de hojaldre aromatizada con brandy
200 g de almendras
80 g de azúcar glas
100 g de mantequilla
3 yemas de huevo
brandy

Prepare la pasta de hojaldre y déjela en reposo algunas horas.

Monde las almendras (escaldándolas le será más fácil retirarles la piel) y píquelas con la ayuda de un mortero.

Mezcle el azúcar glas y la mantequilla reblandecida. Amase bien todos los ingredientes y añada 2 yemas de huevo y un vasito de brandy. Emulsione bien hasta obtener una crema muy espumosa.

Divida la masa de hojaldre en dos partes desiguales. Extienda la mayor hasta lograr una sábana de 3 mm de grueso y póngala sobre un paño mojado. Cubra la masa con la crema de almendras. A continuación, tápela con la otra parte más pequeña, también extendida hasta tener el mismo grueso. Cierre bien los bordes con los dedos húmedos. Después, pinte la superficie con el huevo batido y dórela al horno.

Haga dos o tres incisiones en la masa con la ayuda de la punta de un cuchillo. Hornee a baja intensidad durante 30 minutos. Antes de que acabe la cocción, espolvoree con azúcar e introduzca de nuevo en el horno unos minutos y retire del horno.

Deje enfriar antes de servir.

Cocina francesa

Pozos de amor de mi tía
(les puits d'amour de ma tante)

(para 1 persona)

1 cucharada sopera de jalea de grosella
1 huevo
1 cucharadita de azúcar de sémola
1 cucharadita de ron

Casque los huevos separando las claras de las yemas. Monte las claras a punto de nieve con una pizca de sal; espolvoréelas con un poco de azúcar.

Ponga a hervir un cazo con agua. Cuando el agua esté hirviendo a pequeños hervores, incorpore una cucharada sopera de claras, una tras otra (como para los huevos de nieve). Escúrralas y resérvelas en un paño o papel absorbente.

Trabaje con energía las yemas de huevo con el azúcar agregando, poco a poco, el ron.

Funda muy lentamente la jalea de grosella, luego viértala en una copa individual. Deje que cuaje y entonces eche la yema de huevo con ron por encima, cúbrala con las claras de huevo e introdúzcala en el frigorífico hasta el momento de servir.

Este postre es ideal para una cena improvisada. Será más atractivo si la copas son decorativas y finas.

Cocina francesa

Soufflé al Grand Marnier
(soufflé au Grand Marnier)

(para 4 personas)

8 huevos
8 cucharadas soperas de azúcar en polvo
8 cucharadas soperas de Grand Marnier

Encienda el horno a 120 °C. Separe las claras de las yemas de huevo. Trabaje las yemas con el azúcar hasta que la mezcla se vuelva blanca y cremosa. Añada el Grand Marnier sin dejar de remover. Monte las claras a punto de nieve e incorpórelas, en tres veces, a las yemas, levantando bien la masa. Unte un molde de *soufflé* con mantequilla y rellénelo hasta los dos tercios con la masa preparada. Introdúzcalo de 20 a 25 minutos en el horno y sirva de inmediato cuando lo saque del horno.

Soufflé de higos
(soufflé aux figues)

(para 6 a 8 personas)

1 kg de higos frescos
8 yemas de huevo
10 claras de huevo
100 g de azúcar glas
140 g de azúcar de sémola
40 g de mantequilla

Precaliente el horno a 210 °C. Pele los higos y pase la pulpa por la batidora. Añada el azúcar glas y bata de nuevo para que la mezcla se vuelva espumosa. En un cazo aparte, a fuego bajo, bata las yemas de huevo y el azúcar de sémola hasta que obtenga una especie de mayonesa. Incorpore el puré de higos, siga batiendo y no deje que llegue a hervir. Monte las claras a punto de nieve e incorpórelas delicadamente a la crema de higos, levantando la mezcla. Vierta la masa en un molde de *soufflé* untado con mantequilla y espolvoreado con azúcar. Seguidamente hornee 20 minutos. Espolvoree con azúcar glas antes de servir muy caliente.

Cocina francesa

Soufflé con jalea de grosella
(soufflé à la gelée de groseilles)

(para 4 personas)

400 ml + 2 cucharadas soperas de leche
2 cucharadas soperas de fécula
80 g de azúcar de sémola
4 cucharadas soperas rasas de jalea de grosella
4 huevos

Vierta el azúcar y la leche en un cazo y deje hervir. Mezcle la fécula con las 2 cucharadas soperas de leche fría.

Vierta la leche hirviendo en esta mezcla y remueva bien para evitar que se formen grumos.

Seguidamente, vuelva a ponerla en el cazo para que espese, sin dejar de remover, a fuego lento.

Caliente el horno a temperatura media. Fuera del fuego, añada la jalea de grosella a la crema. Deje templar. Incorpore las yemas de huevo. Mezcle bien.

Monte las claras a punto de nieve y añádalas al resto del preparado, levantando bien la masa para no romper las claras. Vierta esta masa en un molde de *soufflé* untado con mantequilla y hornéelo de 25 a 30 minutos y sirva de inmediato.

Postres de chocolate

Bavaresa de chocolate
(bavarois au chocolat)

(para 8 personas)

400 g de chocolate
5 yemas de huevo
200 g de azúcar en polvo
25 g de azúcar glas
250 ml de leche
1 l de nata batida
40 g de mantequilla
5 hojas de gelatina

Funda 250 g de chocolate al baño María con muy poca agua. Caliente la leche.

En un cuenco, mezcle 4 yemas de huevo con el azúcar. Añada el chocolate fundido a la leche y luego, esta mezcla, a los huevos, removiendo con energía. Llévela al fuego muy bajo, removiendo y evitando la ebullición. Retire la crema cuando empiece a pegarse.

Incorpore las hojas de gelatina reblandecidas con un poquito de agua fría. Mezcle bien y deje enfriar. Incorpore luego la crema batida. A continuación, vierta el preparado en un molde y déjelo cuajar en el congelador durante, al menos, 2 horas; luego 2 horas en el frigorífico.

Para preparar la salsa de chocolate (justo antes de servir), funda el resto de chocolate en 100 ml de agua con el azúcar glas. Cuando adquiera la textura de una crema, incorpore muy rápidamente, y fuera del fuego, la mantequilla cortada a dados y una yema de huevo. Mezcle bien y deje enfriar.

Desmolde la bavaresa mojando el molde en agua caliente y sírvalo con la salsa de chocolate en una salsera aparte.

Cocina francesa

Carlota de chocolate y melón
(charlotte au chocolat et au melon)

(para 6 personas)

2 melones
4 cucharadas soperas de cacao no azucarado
35 bizcochos de soletilla
150 g de chocolate amargo
4 huevos

Prepare primero una espuma de chocolate: corte el chocolate a trocitos y fúndalos al baño María en 2 cucharadas soperas de agua.

Separe las claras de las yemas de huevo y monte las claras a punto de nieve con una pizca de sal. Incorpore las 3 yemas de huevo al chocolate fundido, luego las claras de huevo levantando la masa. Deje que cuaje en el frigorífico durante 2 horas.

Pele uno de los dos melones, retire las pepitas y córtelo en láminas gruesas. Diluya el cacao en 100 ml de agua caliente y déjelo enfriar. Moje ligeramente los bizcochos en este líquido chocolateado.

Forre los bordes y el fondo del molde escogido (de carlota o tarta) y extienda la mitad de la espuma de chocolate, luego algunas láminas de melón y al final más espuma de chocolate. Termine con una capa de bizcochos. Deje 2 horas en el frigorífico.

Pele el segundo melón, retírele las pepitas y pase la pulpa por la batidora para formar un jarabe. Reparta este jarabe en los platos de servicio antes de poner un trozo de pastel por encima.

COCINA FRANCESA

Corona de nueces
(couronne de noix)

(para 8 personas)

200 g de chocolate negro fondant
6 huevos
150 g de azúcar en polvo
1 bolsa de azúcar avainillado
3 cucharadas soperas de café soluble
200 g de nueces picadas
100 g de albaricoques confitados
100 g de rodajas de naranja confitada
azúcar glas

Separe las yemas de las claras de huevo y bata en un cuenco las yemas con las dos clases de azúcar hasta que la mezcla se vuelva blanca y espumosa.

Ponga el chocolate en una fuente e introdúzcala en el horno a temperatura baja. Cuando esté blando, déjelo enfriar un minuto y añádalo a las yemas de huevo junto con el café soluble. Mezcle bien los ingredientes. Después, añada las nueces picadas y los frutos confitados cortados en pequeños dados. Incorpore finalmente las claras de huevo, batidas a punto de nieve, y mezcle con cuidado.

Seguidamente, vierta la mezcla en un molde en forma de corona, untado con mantequilla y enharinado. Hornee 40 minutos a 190 °C.

Desmolde cuando esté templado y espolvoree con azúcar glas. Este pastel estará más bueno si lo sirve al día siguiente.

Cocina francesa

Dulce de chocolate
(douceur au chocolat)

(para 4 personas)

*500 ml de leche
1 cucharada sopera de cacao no azucarado
2 cucharadas soperas de almendras molidas
2 cucharadas soperas de maicena
2 cucharadas soperas de azúcar en polvo*

Esta receta es de rápida elaboración: puede prepararse con sólo 1 hora de antelación.

Moje una cazuela de aproximadamente 1 litro de capacidad con agua fría; no la seque. Vierta en ella la maicena y el azúcar. Mezcle bien y añada el cacao.

Vierta luego la leche fría, progresivamente, sin dejar de remover. A continuación, caliente el preparado a fuego lento, removiendo sin parar. En el momento que rompa a hervir, añada las almendras molidas y manténgalo en el fuego hasta que realice algunos hervores más.

Finalmente, vierta el dulce de chocolate en copas y póngalo en frío. Sírvalo con galletas de almendra.

Émeaux

100 g de chocolate negro rallado
o 2 cucharadas soperas de cacao no azucarado
6 claras de huevo
2 cucharadas soperas de café soluble
250 g de azúcar glas
250 g de avellanas

Tueste ligeramente las avellanas a horno medio unos 10 minutos. Píquelas luego con la picadora, pero procure que no queden muy finas.

Monte las claras de huevo a punto de nieve sobre el fuego, muy bajo, o al baño María.

Cuando se formen puntas al levantar el tenedor o el batidor, apártelo del fuego.

Siga batiendo hasta que se enfríe. Añada entonces el resto de los ingredientes mezclándolos con mucho cuidado.

Unte con mantequilla y enharine una fuente para horno. Disponga sobre ella bolitas de masa con la cuchara; estas bolas deben tener el grosor de una nuez. Hornéelas a 60 °C durante 20 minutos.

Despéguelas con una espátula al salir del horno y déjelas secar.

Cocina francesa

Espuma de chocolate blanco con trozos de naranja
(mousse au chocolat blanc et aux écorces d'orange)

(para 8 personas)

400 g de chocolate blanco
1 yema de huevo
5 claras de huevo
200 ml de nata ligera
80 g de naranja confitada

salsa de chocolate:
125 g de chocolate
100 ml de nata ligera

caramelo:
125 g de azúcar en polvo
3 cucharadas soperas de agua

Funda el chocolate blanco al baño María.

Mientras tanto, monte las claras de huevo a punto de nieve y la nata. Añada la yema al chocolate fundido removiendo con energía, e incorpore la nata. Después, vierta la mezcla anterior sobre las claras a punto de nieve levantando la masa delicadamente.

Corte la naranja confitada a dados e incorpórelos al resto de ingredientes. Vierta esta espuma en un cuenco e introdúzcalo 4 horas en el frigorífico.

Forme cabellos de ángel con el caramelo: cuando el caramelo esté muy oscuro, retírelo del fuego y, cuando empiece a espesarse, levántelo con los dientes de un tenedor para formar hilos; continúe esta operación hasta que se acabe el caramelo. Reserve este cabello de ángel.

En el momento de servir, prepare la salsa de chocolate negro fundiéndolo al baño María e incorporando la nata ligera. Mezcle bien.

Sirva la espuma blanca cubierta de salsa de chocolate caliente y decorada con el cabello de ángel.

Helado de chocolate
(glace au chocolat)

(para 6 personas)

1 l de leche
6 yemas de huevo
100 g de azúcar de sémola
200 g de chocolate

Trabaje en un cuenco las yemas de huevo con el azúcar. Funda el chocolate con la leche y llévelo a ebullición. Mezcle poco a poco los huevos con el chocolate sin dejar de remover. Después, vierta todo en una cazuela y déjelo espesar como una crema inglesa. Remueva sin cesar para evitar que llegue a hervir. Retírelo y déjelo enfriar.

Sírvalo en una copa de sorbete.

Helado de chocolate con leche
(glace au chocolat au lait)

(para 4 personas)

100 g de chocolate con leche
100 g de azúcar en polvo
1 cucharada sopera de café negro
300 ml de nata ligera muy fría o nata líquida
4 yemas de huevo

Funda el azúcar con 100 ml de agua a fuego suave; retírelo del fuego. Rompa el chocolate a trozos, añádalo al almíbar anterior, deje que se funda removiendo bien y después deje que se enfríe.

Bata las yemas de huevo en un cuenco hasta que empiecen a espumar. Sin dejar de batir, vierta poco a poco el almíbar chocolateado y luego el café. Ponga la mezcla al baño María y déjela espesar, pero evite que llegue a hervir. Retire el cazo del fuego y deje enfriar. Bata la nata líquida hasta lograr una nata más espesa e incorpórela a la crema anterior.

Sirva en copas de sorbete.

Leñador
(le bûcheron)

(para 6 personas)

5 huevos
125 g de azúcar
100 g de harina
25 g de cacao no azucarado
cacao no azucarado para decorar
azúcar glas para decorar

espuma de chocolate:
250 g de chocolate
4 huevos
125 g de mantequilla

Trabaje las 5 yemas de huevo con 100 g de azúcar hasta que la mezcla se vuelva blanca y lisa. Añada entonces la harina y el cacao. Mezcle bien. Bata las claras de huevo a punto de nieve con el resto del azúcar e incorpórelas con delicadeza a la mezcla anterior. Amalgame bien la masa y póngala en un molde untado con mantequilla. Déjela cocer 35 minutos al baño María en el horno a 200 °C.

Mientras tanto, prepare la espuma: funda el chocolate y la mantequilla a fuego muy bajo, mezcle y deje templar. Añada las 4 yemas de huevo y mezcle bien. Incorpore luego las 4 claras montadas a punto de nieve. Deje que cuaje en el frigorífico.

Abra el pastel cocido y enfriado en dos partes iguales, cúbralo con la espuma de chocolate y ciérrelo. Espolvoréelo con cacao y luego con el azúcar glas con la ayuda, si lo desea, de un molde o patrón de papel, que deberá retirar con cuidado.

Macarrones de chocolate
(macarons au chocolat)

(para una docena de macarrones)

250 g de almendras mondadas
400 g de azúcar
100 g de chocolate para fundir
4 claras de huevo
papel sulfurizado

Muela las almendras hasta que formen un polvo fino y mézclelo con el azúcar. Monte las claras de huevo a punto de nieve con una pizca de sal. Funda el chocolate al baño María. Añádalo a la mezcla. Incorpore las claras de huevo con cuidado. Unte con aceite los cuadrados de papel y póngalos en el horno. Vierta un poco de pasta sobre cada uno y hornee 15 minutos a horno medio. Coloque los papeles un momento sobre un paño húmedo para despegarlos mejor.

Marquesa de cacao
(marquise au chocolat)

(para 6 personas)

80 g de cacao no azucarado
1 bolsa de azúcar avainillado
150 g de azúcar en polvo
200 g de mantequilla
4 huevos

Vierta el cacao en un cazo con 100 ml de agua y llévelo a ebullición, removiendo de vez en cuando. Fuera del fuego, añada los dos azúcares. Mezcle y deje enfriar un poco antes de añadir la mantequilla y las yemas de huevo, una por una. Trabaje bien la mezcla con la batidora. Monte las claras de huevo a punto de nieve con una pizca de sal e incorpórelas con delicadeza al preparado. Unte un molde de carlota y vierta la espuma en su interior. Apriete bien y cúbralo con una hoja de papel sulfurizado o de aluminio. Deje que se endurezca en el congelador. Desmolde al día siguiente, tras sumergir un instante el molde en agua caliente. Sirva la marquesa con una crema inglesa o nata líquida ligeramente batida.

Pastel cocotte
(gâteau cocotte)

(para 6-8 personas)

80 g de harina
80 g de fécula
180 g de azúcar de sémola
4 huevos
1 bolsa de levadura
mantequilla
200 g de chocolate de cobertura
3 yemas de huevo
100 g de mantequilla a temperatura ambiente
60 g de azúcar en trocitos

Encienda el horno. Mezcle la harina y la fécula en un cuenco e incorpore, una por una, las yemas sin dejar de batir. Añada luego el azúcar y la levadura. Bata bien la mezcla.

Unte con abundante mantequilla un recipiente para horno de unos 20 cm de diámetro y vierta en él el preparado. Tápelo y deje cocer aproximadamente 1 hora a horno medio; compruebe la cocción al cabo de media hora; si el pastel se cuece demasiado deprisa, reduzca la intensidad del fuego. Luego desmolde el pastel y déjelo enfriar. Divídalo en tres discos. Unte cada disco con crema de chocolate.

Durante la cocción del pastel puede realizar la crema de chocolate: corte la mantequilla a trocitos; funda el chocolate al baño María en un poco de agua.

Prepare un almíbar dejando fundir el azúcar, a fuego lento, en 500 ml de agua y déjelo hervir 3 minutos antes de retirarlo del fuego.

Bata las yemas de los huevos en otro cazo e incorpore con cuidado el almíbar de azúcar. Siga removiendo a fuego muy suave rascando el fondo de la cazuela con una cuchara de madera.

Cuando la crema cubra la cuchara de un color ligeramente brillante, retírela del fuego y deje que se temple removiendo sin parar. Incorpore entonces el chocolate fundido y la mantequilla, trocito a trocito, removiendo hasta que esté derretida. Rellene el pastel con esta crema.

Cocina francesa

Témpanos de castaña y chocolate
(glaçons aux marrons et au chocolat)

(para 4 personas)

100 g de chocolate para cocer
100 g de mantequilla
100 g de crema de castañas
50 g de azúcar en polvo

aroma:
1 pizca de vainilla en polvo (o 1 cucharada sopera de brandy o Armagnac)

salsa:
500 ml de leche
8 yemas de huevo
1 vaina de vainilla
80 g de azúcar en polvo

Funda el chocolate troceado al baño María. Cuando se vuelva untuoso, retírelo del fuego y mézclelo con la mantequilla. Trabaje bien esta mezcla y añada el azúcar, el aroma escogido y la crema de castañas.

Reparta este preparado en pequeños moldes (moldes de helado, por ejemplo) o recipientes individuales. Manténgalos en frío durante una noche o un día entero.

Prepare una crema inglesa con los huevos, el azúcar, la leche y la vainilla, y déjela enfriar.

Ponga los témpanos en el congelador 1 hora antes de desmoldarlos y sírvalos muy fríos, con la crema inglesa aparte.

Pueden ir acompañados de bizcochos o galletas, o de una macedonia de frutas.

Cocina francesa

Tronco de Navidad con chocolate
(bûche de Noël au chocolat)

(para 8 personas)

bizcocho:
5 huevos
150 g de harina
150 g de azúcar en polvo
mantequilla

crema de mantequilla:
150 g de azúcar en polvo
4 yemas de huevo
100 g de cacao no azucarado
250 g de mantequilla

En un cuenco grande, trabaje las yemas de huevo con el azúcar hasta que obtenga una crema lisa y blanca. Añada poco a poco la harina tamizada y mezcle bien.

Monte las claras de huevo a punto de nieve con una pizca de sal e incorpórelas al preparado anterior.

Unte con mantequilla una placa rectangular y extienda la masa hasta que tenga 1,5 cm de grosor. Déjala cocer 15 minutos a temperatura media; cuando los bordes de la masa se coloreen un poco, sáquela del horno. Desmolde de inmediato esta masa y dispóngala sobre un paño húmedo; enróllela enseguida sobre sí misma y déjala enfriar de este modo.

Prepare la crema de mantequilla empezando por un almíbar a base de azúcar y 6 cucharadas soperas de agua. Bata con una cuchara de madera las yemas de huevo y viértalas en el almíbar sin dejar de batir. Cuando esta mezcla esté bien fría, añada el cacao en polvo y la mantequilla reblandecida y trabaje bien el conjunto.

Luego desenrolle el bizcocho enrollado y úntelo, en el interior, con la crema de mantequilla. Enróllelo de nuevo sobre sí mismo, sin el paño, y dispóngalo en una fuente de servicio. Corte los bordes y cubra el pastel, incluidos los extremos, con el resto de la crema de mantequilla.

Forme unas bandas con los dientes de un tenedor, espolvoree con azúcar glas y decore con masa de almendra en forma de hojas.

Índice de recetas

Ensaladas de invierno
Confite de oca en ensalada *(confit d'oie en salade)* 13
Ensalada de invierno *(salade d'hiver)* 14
Ensalada de mejillones *(salade de moules)* 15
Ensalada parisina *(salada parisienne)*. 16
Ensalada de *pot-au-feu* con anchoas *(salade de pot-au-feu aux anchois)* 17
Ensalada de puerros y patatas *(salade de poireaux et pommes de terre)* . 18
Lechuga con huevos escalfados *(frisée aux œufs pochés)* 19
Lechuga con queso y tocino *(frisée au fromage et aux lardons)* 20
Lechuga al roquefort *(frisée au roquefort)*. 21
Puerros a la niçoise *(poireaux à la niçoise)* 22

Ensaladas de verano
Calabacines en ensalada *(courgettes en salade)* 23
Corona de ensalada de arroz *(couronne de salade de riz)* 24
Crudités a la menta *(crudités à la menthe)* 25
Ensalada de corazones de alcachofas *(salade de fonds d'artichauts)* . . 26
Ensalada de hinojo con aceitunas *(salade de fenouil aux olives)* 27
Ensalada de judías con mollejas *(haricots aux ris de veau)* 28
Ensalada de judías verdes con queso *(salade de haricots verts au fromage)* 29
Ensalada niçoise *(salade niçoise)* 30
Ensalada de pepinos *(salade de concombres)* 31
Ensalada de queso de oveja *(salade au fromage de brebis)* 31
Mízcalos y langostinos en ensalada *(girolles et langoustines en salade)* 32

Sopas, cremas y potajes
Caldo de buey con croquetitas *(bouillon de bœuf aux quenelles de moelle)* 33

Cocina francesa

Consomé frío de buey y remolacha *(consommé glacé au bœuf et aux betteraves)* 34
Consomé de melón a la menta *(consommé de melon à la menthe)* ... 35
Consomé de mollejas con castañas y manzanas *(consommé de gésiers aux marrons et aux pommes)* 36
Cotriade 37
Crema de alcachofas *(crème d'artichauts)* 38
Crema de calabaza a la canela *(crème de potiron à la cannelle)* 39
Crema fría de garbanzos, yogur y cilantro *(velouté glacé de pois chiches, yaourt et coriandre)* 40
Crema fría de langostinos *(velouté glacé de langoustines)* 41
Crema Lamballe *(potage Lamballe)* 42
Crema de pescadillas *(potage au merlan)* 43
Gratinado de cebolla *(gratinée à l'oignon)* 44
Gratinado de roquefort *(gratinée au roquefort)* 45
Potage bearnés *(garbure béarnaise)* 46
Potaje Edmée *(potage Edmée)* 47
Potaje de guisantes *(potage Saint-Germain)* 48
Potaje verde *(potage au vert)* 48
Pot-au-feu 49
Sopa de bogavante con cangrejo *(bisque de homard au crabe)* 50
Sopa de caracoles al ajo confitado *(soupe d'escargots à l'ail confit)* 51
Sopa de castañas *(potage aux marrons)* 52
Sopa de cebolla con champaña *(soupe à l'oignon au Champagne)* ... 53
Sopa de col nueva *(soupe au chou nouveau)* 54
Sopa cremosa *(potage velouté)* 55
Sopa de los deseos *(soupe aux apétits)* 55
Sopa fría de berros y limón *(soupe glacée au cresson et au citron)* 56
Sopa de Granville *(soupe de Granville)* 57
Sopa gratinada de sémola *(soupe grillée à la semoule)* 57
Sopa de menudillos *(potage aux abattis de volaille)* 58
Sopa de pan *(panade soubise)* 59
Sopa de patatas a la alsaciana *(potage aux pommes de terre à l'alsacienne)* 60
Sopa de rabo de buey *(soupe à la queue de bœuf)* 61
Sopa de sarraceno *(soupe de sarrasin)* 62
Sopa de verduras tradicional *(soupe de légumes traditionnelle)* 63
Vichyssoise 64

Cocina francesa

Otros entrantes

Arroz y coliflor al horno *(riz et choufleur au four)*	65
Bacalao con tomates y patatas *(morue à la tomate)*	66
Berenjenas con albahaca *(aubergines au basilic)*	67
Bolas de queso de Borgoña *(gougères bourguignonnes)*	68
Col rellena *(chou farci)*	69
Coles de las Ardenas *(choux à l'ardennaise)*	70
Fiambre de Mans *(rilletes de Mans)*	71
Fiambre de Orleáns *(rilletes d'Orléans)*	72
Fiambre de Tours *(rilletes de Tours)*	72
Hogaza de queso *(tourteau fromagé)*	73
Huevos al estilo de Fécamp *(œufs à la mode de Fécamp)*	74
Huevos al vino tinto de Berry *(œufs au vin rouge du Berry)*	75
Masa hervida *(farcidure)*	76
Pasteles de queso de cabra de Chavignol *(pâté au fromage de chèvre de Chavignol)*	77
Polenta *(gaudes)*	78
Puré de patatas y queso *(aligot)*	79
Tarta de puerros *(flamique à porions)*	80
Tarta de queso *(flamiche au Maroilles)*	81
La tortilla de la madre Poulard *(l'omelette de la mère Poulard)*	81
Tricornios de queso *(tricornes fromagés)*	82

Carnes

Callos al estilo de Caen *(tripes à la mode de Caen)*	85
Conejo de Cholet *(lapin choletaise)*	86
Conejo con miel de Orleáns *(lapin au miel d'Orléans)*	87
Costillas de cerdo al estilo de Arbois *(côtes de porc à l'arboisienne)*	88
Estofado de ternera al vino tinto *(bœuf bourguignon)*	89
Guiso borgoñés *(potée bourguignonne)*	90
Guiso champañés *(potée champenoise)*	91
Jamón de Morvan con salsa picante *(jambon de Morvan au saupiquet)*	92
Morcilla blanca de Mans *(boudin blanc de Mans)*	93
Olla flamenca *(carbonade flamande)*	94
Paletilla al perejil *(jambon persillé)*	95
Pastel de Pascua de Berry *(pâté de Pâques du Berry)*	96
Pierna de Berry a las siete horas *(gigot berrichon à la sept heures)*	97
Pierna de cordero a la bretona *(gigot à la bretonne)*	98

Cocina francesa

Pierna de Yvetot (*gigot d'Yvetot*) 99
Pollo del valle de Auge (*poulet vallée d'Auge*) 100
Rabo de buey con castañas (*queue de bœuf en hochepot*) 101
Rollo de ternera (*la falette*) 102

Pescados y mariscos
Almejas rellenas (*palourdes farcies*) 103
Barbada con ostras (*barbue cancalaise*) 104
Buey de mar relleno (*tourteax farcis*) 105
Caballa de Fécamp (*filets de maquereaux fécampoise*) 106
Camarones al estilo de Charente (*crevettes grises
  à la charentaise*) 107
Camarones a la sidra (*crevettes au cidre*) 107
Cangrejos al champaña (*écrevisses à la champenoise*) 108
Caracoles de Borgoña (*escargots de Bourgogne*) 109
Lucio a la mantequilla blanca (*brochet au beurre blanc*) 110
Mejillones con vino y nata (*mouclade*) 111
Pez espada a la salsa barbacoa (*espadon à la sauce barbecue*) 112
Rubio con aceitunas (*rouget grondin aux olives*) 112
Salmonetes a la sal (*rougets au gros sel*) 113
Trozos de bacalao con pimientos (*morceaux de morue
  aux poivrons*) 113
Vieiras a la bretona (*coquilles Saint-Jacques à la bretonne*) 114

Dulces
Albaricoques sorpresa (*abricots surprise*) 117
Bavaresa de castaña (*bavarois aux marrons*) 118
Bavaresa de frambuesa (*bavarois aux framboises*) 119
Carlota al limón (*charlotte au citron*) 120
Carlota de melocotón (*charlotte aux pêches*) 121
Carlota de peras (*charlotte aux poires*) 122
Compota de manzanas crudas (*compote de pommes crues*) 123
Compota merengada de manzanas (*compote de pommes
  meringuée*) 123
Compota de septiembre (*compote de septembre*) 124
Corona de manzanas cocidas (*couronne de pommes cuites*) 125
Crema espumosa de frambuesa (*crème mousseuse
  aux framboises*) 126
Crema inglesa (*crème anglaise*) 127
La duquesa de Sarlat (*la duchesse de Sarlat*) 128

Dulce de castañas *(entremets aux marrons)* 129
Espuma de frambuesa *(mousse aux framboises)* 130
Espuma de manzanas a la normanda *(mousse de pommes
 à la normande)* 131
Gratinado de frutas rojas *(gratin de fruits rouges)* 131
Gratinado merengado de pera *(gratin meringué aux poires)* 132
Huevos con leche y caramelo *(œufs au lait au caramel)*. 133
Huevos de nieve *(œufs à la neige)* 134
La isla flotante de Mamie Jeanne *(l'île flottante de Mamie Jeanne)* . . 135
Pan de especias de Reims *(pain d'épices de Reims)* 136
Pastel de cerezas *(clafoutis)*. 137
Peras con higos de Bourdaloue *(poires aux figues Bourdaloue)*. 138
Empanada de almendras *(pithiviers)*. 139
Pozos de amor de mi tía *(les puits d'amour de ma tante)* 140
Soufflé al Grand Marnier *(soufflé au Grand Marnier)*. 141
Soufflé de higos *(soufflé aux figues)* 141
Soufflé con jalea de grosella *(soufflé à la gelée de groseilles)* 142

Postres de chocolate
Bavaresa de chocolate *(bavarois au chocolat)*. 143
Carlota de chocolate y melón *(charlotte au chocolat et au melon)* . . . 144
Corona de nueces *(couronne de noix)* 145
Dulce de chocolate *(douceur au chocolat)*. 146
Émeaux. 147
Espuma de chocolate blanco con trozos de naranja
 (mousse au chocolat blanc et aux écorces d'orange). 148
Helado de chocolate *(glace au chocolat)*. 149
Helado de chocolate con leche *(glace au chocolat au lait)* 149
Leñador *(le bûcheron)* 150
Macarrones de chocolate *(macarons au chocolat)* 151
Marquesa de cacao *(marquise au chocolat)* 151
Pastel cocotte *(gâteau cocotte)*. 152
Témpanos de castaña y chocolate *(glaçons aux marrons
 et au chocolat)*. 153
Tronco de Navidad con chocolate *(bûche de Noël au chocolat)* 154

www.ingramcontent.com/pod-product-compliance
Lightning Source LLC
Chambersburg PA
CBHW080638170426
43200CB00015B/2886